COLLECTION FOLIO

Mohammed Aïssaoui

L'étoile jaune et le croissant

Gallimard

Mohammed Aïssaoui est journaliste au *Figaro littéraire*. Il a reçu le prix Renaudot essai et le prix R.F.O. du livre en 2010 pour *L'affaire de l'esclave Furcy*.

Pour et avec Derri Berkani.
À Léa, Noé, Nina. Et à Fabienne.
À Christian.

Celui qui écoute le témoin devient témoin à son tour.

ELIE WIESEL

Je dis souvent aux survivants : écrivez. Je leur répète : écrivez, écrivez. Ou faites écrire votre histoire. Je n'ose ajouter : un jour vous ne serez plus là, et qui alors recueillera vos paroles ? Elles s'envoleront ou seront balayées comme la poussière. À leurs enfants, j'explique qu'il faut tout conserver : lettres, photos, pièces d'identité, journaux intimes… Tout. On ne sait jamais, cela peut constituer des preuves, un jour. Des preuves, oui, il en faut, parfois. On ne sait jamais. Les choses disparaissent si vite, et on le regrette après. On le regrette toujours. Je l'ai observé tant de fois, tenez, hier encore, quand une amie a perdu sa grand-mère : elle s'est rendu compte qu'au fond elle ne savait rien d'elle…

Moi qui n'ai survécu à rien — si ce n'est à quelques petites humiliations —, je ne comprends pas mon obsession à retrouver des traces qui ne me concernent pas, ou si peu ou de si loin. Je ne comprends pas, mais j'insiste, j'insiste… J'y passe beaucoup de temps. J'ai un penchant : j'exhume des noms oubliés comme d'autres chassent des trésors ou cajolent des voitures. Je recherche des existences sur lesquelles on a posé un voile de silence. Je fouille dans les souterrains de l'histoire. Je poursuis des ombres. Je remarque les silhouettes. Je suis le biographe des fantômes. Oui, je passe beaucoup de temps avec des fantômes. Des noms depuis longtemps disparus me deviennent familiers. Je dis d'eux : je les connais, comme des amis perdus de vue. Parfois, il m'arrive même de faire découvrir aux familles des épisodes de leur histoire qui leur étaient inconnus. Je tente de retrouver des noms effacés comme on désire adopter un enfant.

Celui que je recherche en ce moment a disparu depuis plus d'un demi-siècle. Il est mort le 24 juin 1954. Il s'appelle Kaddour Benghabrit. Son nom est parfois orthographié Ben Ghabrit, Ben-Ghabrit, ou ben Ghabrit ; sur l'état civil, son prénom est Abdelkader. C'est fou comme autrefois on a pu être si négligent avec l'orthographe des patronymes. Son nom ne vous dit probablement rien : Benghabrit a fondé la Grande Mosquée de Paris en 1926 — sa création avait été décidée à la fin de la Grande Guerre en hommage aux soixante-dix mille soldats musulmans morts pour la France.

Pourquoi lui ? Pourquoi Benghabrit m'intéresse-t-il plus particulièrement et occupe-t-il tant mon esprit ? Je ne saurais trop l'expliquer — parfois, les interrogations n'appellent pas de réponses. J'en avais entendu parler pour la première fois au début des années 90, lors de la diffusion d'un documentaire à la télévision. Ce représentant des musulmans avait, disait-on, sauvé des Juifs de la déportation durant l'Occupation. Ça m'avait intrigué. Puis, le temps a passé. Trop vite. Mais cette histoire était restée ancrée dans un coin de ma tête. À tel point qu'une quinzaine d'années plus tard j'avais proposé à un ami écrivain de se pencher sur ce destin qui me semblait digne d'être conté, mais mon ami avait d'autres projets.

Alors, je me suis attelé à la tâche. Il m'importait tout particulièrement de montrer qu'un jour, au moins une fois, des Arabes et des Juifs ont marché main dans la main. J'avais envie de prononcer le mot philosémite, et pas seulement de le prononcer. Sans doute, ce qui se passe aujourd'hui au Moyen-Orient et en France résonne-t-il fort en moi et a relancé le vœu de parler de ce haut dignitaire musulman qui aimait les Juifs…

Depuis deux ans et demi, je défriche des documents et je récolte des témoignages. On m'a souvent répété : « Mais les témoins sont morts aujourd'hui. » Sans doute ma quête est-elle vaine, néanmoins j'ai voulu recueillir, ici, ce qui demeure encore : quelques éléments de ce puzzle, des souvenirs même imprécis, de vrais récits aussi, la parole des enfants — des enfants qui ont soixante ou quatre-vingts ans — et des archives, ces bouts de papier qui n'ont que trop rarement été consultés et qui pourtant racontent tout un pan de cette histoire. Alors que les témoins directs ont pour la plupart disparu, j'ai retrouvé plus de personnes et de faits que je ne pouvais l'imaginer au début de ma quête. Cela ne constitue peut-être pas des preuves irréfutables, mais j'aurai fait mienne cette phrase tirée de l'Ancien Testament qui figure sur le fronton du Mémorial de Yad Vashem : *Et je leur donnerai dans ma maison et dans mes murs un mémorial et un nom qui ne seront pas effacés.*

Des Arabes et des musulmans ont protégé des Juifs. L'étoile jaune a brillé avec le croissant, symbole de l'islam. Quel drapeau magnifique, que cette union de l'étoile de David et du croissant !… Je ne sais s'il plairait à tout le monde, certains n'apprécient pas l'étoile de David. Je ne suis pas naïf : l'antisémitisme est la chose la mieux partagée au monde, depuis la nuit des temps. Les Arabes et les musulmans y prennent largement leur part. Je me souviens, enfant, il y a une trentaine d'années, j'entendais dans mon entourage proche, comme un leitmotiv : « celui-là est juif, celle-là est juive » ; quelle que soit la personnalité qui apparaissait sur l'écran de télévision, j'entendais : « Michel Drucker, c'est un Juif ! » « Mireille Mathieu, elle est juive. » « Nana Mouskouri, Sheila, toutes des Juives… » Le monde entier était juif et menaçant. Aussi, dans mes recherches, je n'occulterai pas ce délire. Je n'omettrai pas non plus de rappeler des réalités oubliées : il y eut, durant la Seconde Guerre mondiale, une légion SS musulmane, et une Brigade nord-africaine a frayé avec la Gestapo. Il faudra parler aussi de cet imam nazi, ami d'Hitler, qui a failli diriger la Grande Mosquée de Paris : Hadj Amin al-Husseini, le grand mufti de Jérusalem. Aujourd'hui, encore, il apparaît à certains comme un héros.

Pourtant, oui, des Arabes ont aidé des Juifs. Je m'étais étonné que sur les 23 000 personnes reconnues « Justes parmi les nations » par Yad Vashem, il n'y ait pas un seul Arabe. Pas un seul. Et pas un musulman de France, du Maghreb ou du Moyen-Orient. Et pourtant cette entraide a bien existé, oui. Voici des témoignages.

1

Il arrive à peine de New York, et malgré le décalage horaire et son grand âge, il semble plus en forme que moi. Les gardes du corps qui l'accompagnent en permanence m'ont fouillé. Elie Wiesel s'en excuse, il m'explique que, quelques années plus tôt, lors d'une conférence donnée aux États-Unis, un étudiant a tenté de l'enlever. Je lui dis que je comprends. La rencontre a lieu à l'hôtel des Saints-Pères, dans le VIe arrondissement.

Je suis intimidé. C'est tout de même la première fois que je parle à un prix Nobel de la paix. Et certains de ses livres m'ont tant marqué, notamment *La nuit*, le récit de sa déportation. J'ai préparé quelques questions, et je mets un peu de temps à quitter mon cahier des yeux. Son visage est impressionnant, marqué. Ses yeux profonds et constamment plissés donnent le sentiment qu'il revient de loin. Son regard raconte une partie de son histoire : c'est un survivant.

L'entretien tourne autour du fait d'écrire (ou non) une fiction sur la Shoah. Il m'affirme que les romanciers peuvent tout se permettre, qu'il est même souhaitable que de jeunes auteurs s'emparent de ce sujet. « Mais il y a un danger, m'explique-t-il, c'est quand l'imagination remplace la réalité. Pour ma part, je n'ai jamais voulu écrire un roman sur la Shoah. Mais je comprends que d'autres le fassent, c'est leur droit. Moi, je ne peux pas. Le seul risque de la fiction est de travestir la réalité, mais il en va de la responsabilité de l'écrivain. » Comme Jorge Semprun, il pense que le roman peut aider la mémoire. Il peut aider à entretenir la flamme. On peut aussi construire des fictions à partir de ces documents, ajoute-t-il.

Cette rencontre avec Elie Wiesel arrive alors que je m'interroge sur la forme que doit prendre mon travail : faut-il romancer un peu ou pas du tout ? Il ne s'en rend pas compte, mais il m'aide beaucoup : « Jamais on ne dépassera la force d'un document, d'un témoignage écrit. Jamais on ne pourra atteindre la profondeur du désespoir de celui qui l'a vécu. »

Puis il me dit cette phrase que je ne peux oublier : « Celui qui écoute le témoin devient témoin à son tour. » Il m'explique : tant que le témoin est là, il doit témoigner. Et quand le témoin n'est plus là — c'est le problème auquel je suis confronté dans mes recherches —, comme cela va bientôt être le cas pour ceux qui ont subi la Shoah ? « La mémoire est là pour nous protéger, mais il faut l'entretenir, la nourrir. » Après, il fait un signe en me montrant l'intérieur de son bras : « Ce numéro, je n'ai pas voulu l'effacer, comme certains l'ont fait — ce que je peux comprendre. Ce numéro, je le porte en moi. Il est là. Dans mes récits ou dans mes romans, j'écris sur la mémoire. Mais je ne veux pas être le dernier survivant, ce serait trop lourd à porter. »

« Celui qui écoute le témoin devient témoin à son tour. » J'ai écrit cette phrase plusieurs fois. Et je suis allé en quête de témoins pour ne pas rompre le fil ténu de la mémoire.

*Paris XIX*e,
Rencontre avec Derri Berkani, cinéaste

« Qu'est-ce qui s'est passé à la Mosquée de Paris pendant l'Occupation ? J'aimerais bien le savoir… » Il se pose la question, les yeux ailleurs, sans me regarder, dans ce petit bistrot du XIXe arrondissement. Cette question, il lui a consacré un documentaire : c'était le premier, il n'y en eut plus d'autres. Derri Berkani est le réalisateur de *La Mosquée de Paris : une résistance oubliée.* Le reportage a été diffusé en 1991, sur la chaîne que l'on appelait alors FR3, un vendredi soir. C'était en 1991, mais je sais que Derri Berkani y pensait depuis les années 70.

Dans son documentaire, il y a des témoignages clés. De ceux qui étaient vivants à l'époque. Albert Assouline et Ahmed Somia, qui racontent, détails à l'appui, comment des Juifs ont été hébergés à la Mosquée en attendant de fuir ailleurs. Un autre témoin important n'apparaît pas à l'écran — seulement dans des images d'archives : le chanteur Salim Halali. Lui aussi était vivant au moment du tournage, il avait soixante et onze ans. Si je donne ce nom aujourd'hui, il ne vous dira sans doute pas grand-chose. Salim Halali fut pourtant dans les années 50 l'un des plus grands chanteurs. Il popularisa la chanson arabo-andalouse au point de faire une immense carrière — des centaines de spectacles, des dizaines de disques — et d'amasser une fortune qu'il dilapida trop vite ensuite. On est sûr d'une chose : il était juif et il vécut à la Mosquée de Paris durant les années d'Occupation, et même un peu après. Quand il a quitté la Mosquée, c'était pour créer son propre cabaret, il en a même ouvert plusieurs, au Maroc également. On l'appelait Salim, mais d'après son acte de naissance son nom était Simon, Chemoune, Halali.

Kaddour Benghabrit, celui qui dirigeait la Grande Mosquée de Paris durant la Seconde Guerre mondiale, mort en 1954, est évoqué par son neveu, Hassan. Dans ce documentaire, visiblement tourné avec peu de moyens — plus tard, Derri Berkani me confiera l'avoir fait en quatre jours et quatre nuits —, Albert Assouline et Ahmed Somia étaient non seulement vivants, mais ils semblaient être en pleine possession de leurs moyens. Pourquoi n'a-t-on pas recueilli officiellement leurs paroles à l'époque ? Albert Assouline a disparu avec ses preuves en 1994. Ahmed Somia s'est éteint la même année. Salim Halali meurt en 2005, dans l'oubli et la misère.

Le documentaire dure vingt-neuf minutes. Le fil rouge est constitué par l'intervention d'une jeune femme en quête de son ancêtre, elle découvre l'histoire de Si Kaddour Benghabrit — le mot « Si » est une contraction de « Sidi » que l'on peut rapprocher du mot anglais « Sir » et traduire par monsieur, monseigneur ou maître, c'est une marque de respect et d'affection. La tombe de Si Kaddour Benghabrit se trouve dans un coin de la Grande Mosquée de Paris — elle y est toujours, pas vraiment mise en valeur. Par moments ému, la voix éraillée, le Juif Albert Assouline raconte comment il a été sauvé et hébergé par la Mosquée, et comment des enfants juifs ont bénéficié de cette aide, soit ils se réfugiaient dans les combles inaccessibles au public, soit ils prenaient les escaliers des sous-sols qui débouchaient sur les égouts de Paris. Il dit : « Je suis arrivé avec un Algérien — un dénommé Yassou Rabah. On s'était évadés d'un camp de prisonniers. Notre idée était d'aller en Algérie ou au Maroc. Nous avons pensé à un lieu religieux pour nous abriter, et, bien sûr, il était hors de question d'aller dans une synagogue. On a choisi la Mosquée. Il a parlé de moi à un ami en lui disant que je n'étais pas musulman. Son ami a dit OK. »

Toujours dans ce documentaire, Albert Assouline affirme que 1 732 personnes sont passées par la Mosquée entre 1940 et 1944, la plupart étaient des enfants, et la plupart s'étaient abritées pour une ou deux journées dans les sous-sols et les combles. Ce nombre de 1732 correspondrait au nombre de tickets de rationnement qui auraient été distribués, pas seulement aux Juifs mais aussi à des résistants français ou étrangers en fuite.

« Des rumeurs couraient dans les cafés et les restaurants autour de la Mosquée : on chuchotait que l'on pouvait y trouver refuge. On savait aussi que les Allemands venaient parfois fouiller dans l'enceinte religieuse. S'ils arrivaient, on leur demandait de se déchausser comme le veut l'usage. Le temps qu'ils enlèvent leurs bottes, on prévenait les fugitifs », raconte Ahmed Somia en souriant.

Dans un autre passage, on découvre une anecdote saisissante : on explique comment Salim Halali a échappé à la Gestapo. Pour prouver qu'il n'était pas juif, il a affirmé que son père était enterré au cimetière franco-musulman de Bobigny — ce qui était faux. Quand les gestapistes ont voulu vérifier, Si Kaddour Benghabrit s'est débrouillé pour que l'on grave, avant leur arrivée, le nom du père de Salim Halali sur une tombe du « carré des inconnus »…

Derri Berkani m'a invité à plusieurs reprises chez lui. C'est un puits de connaissances et d'anecdotes. Il a travaillé avec Rossellini, et joué dans son film sur saint Augustin. Je commence à le connaître un peu, et j'entrevois dans ses paroles et dans son regard un profond regret : celui d'avoir un moment détenu, presque physiquement, la possibilité de répondre à cette question — que s'est-il passé à la Mosquée de Paris durant l'Occupation ? — et de ne pas l'avoir captée, saisie. Ce regret vient du fait que lui, il a vu les témoins vivants. Il les connaissait bien. Il avait les preuves.

Derri est la première personne que j'ai rencontrée quand j'ai entrepris activement mes recherches — ses coordonnées étaient sur Internet. Au fil de nos rendez-vous, devenus réguliers, je me suis senti dans la peau de celui qui reprenait le témoin vingt ans après la diffusion de son documentaire. Ce sentiment de me retrouver dans une course où l'on se passe le témoin ne m'a jamais quitté.

Jérusalem,
Irena Steinfeldt, commission des Justes de Yad Vashem

« Monsieur Halali était très malade, il nous était impossible de recueillir son témoignage. Il y avait aussi Albert Assouline, le docteur Albert Assouline, il est mort en 1994. On a écrit à sa famille. Elle n'a jamais répondu. Il y a peut-être des archives, elles étaient alors inaccessibles au public, vous savez, à cause du délai de cinquante années de conservation. » J'ai reçu un accueil chaleureux de la part d'Irena Steinfeldt, son travail au sein de Yad Vashem consiste à ouvrir des dossiers et à rassembler des preuves sous formes de témoignages directs, de lettres ou de documents. Elle travaille plus particulièrement à la commission des Justes parmi les nations. Elle ajoute que je pourrais peut-être chercher du côté de la commission des Affaires nord-africaines qui se trouve à Aix-en-Provence, aux Archives nationales d'Outre-mer.

Après quelques échanges par téléphone et par courriel, je voulais en savoir plus sur le travail et le rôle de Yad Vashem, à Jérusalem. Irena Steinfeldt m'écrit que l'institut commémoratif des martyrs et des héros de la Shoah a été établi en 1953 par une loi du Parlement israélien, la Knesset, et se consacre à la mémoire et à l'enseignement de la Shoah. Elle souligne : « Chargé de la mission vitale de perpétuer la mémoire de la Shoah, Yad Vashem travaille pour assurer que l'héritage de la Shoah sera transmis aux générations futures et demeurera pour l'éternité dans la conscience de l'humanité. » Yad Vashem effectue donc un travail de mémoire pour que l'on se souvienne des disparus. L'institut rend également hommage au courage de ceux qui luttèrent contre le projet nazi d'exterminer les Juifs, les Justes parmi les nations — c'est-à-dire « les non-Juifs qui risquèrent leur vie, leur liberté et leur sécurité pour sauver des Juifs pendant la Shoah ».

Yad Vashem est situé sur le mont du Souvenir, à Jérusalem. Le site héberge un complexe muséologique, l'École internationale pour l'enseignement de la Shoah, les archives, la bibliothèque, le centre international de recherche et de nombreux monuments dédiés « à la mémoire de ceux qui luttèrent et de ceux qui périrent ». Irena Steinfeldt me signale que l'avenue des Justes parmi les nations mène au nouveau musée d'histoire de Yad Vashem et rappelle que « dans cette période obscure de l'histoire humaine, une humanité lumineuse subsistait malgré tout » (à Paris, près du Mémorial, il existe une allée des Justes).

Elle me répète que l'un des principaux devoirs de Yad Vashem est d'exprimer la gratitude du peuple juif aux non-Juifs qui ont risqué leur vie pour sauver des Juifs pendant la Shoah — ce qui, je crois, est propre à Israël. En général, les nations, quelles qu'elles soient, ont tendance à honorer leurs héros compatriotes, et à oublier un peu ceux qui les ont aidés — les étrangers.

La commission qui désigne le titre de Juste parmi les nations est présidée par un juge de la Cour suprême de l'État d'Israël. Elle travaille selon des critères et des règlements clairement définis. Chaque cas est méticuleusement étudié et présenté à la commission qui vérifie si la demande remplit les conditions requises.

Quand j'ai précisé l'objet de ma démarche à Irena Steinfeldt, j'ai senti chez elle une réelle volonté de trouver quelque chose, mais il fallait que ce soit irréfutable. Des preuves, comme je l'ai dit au début. De sa voix douce avec son charmant accent, elle m'explique qu'une parole doit être étayée par un document aux sources vérifiables et incontestables. Yad Vashem a bien ouvert un dossier « Si Kaddour Benghabrit » à Jérusalem, mais il manque de preuves pour le déclarer comme étant un « Juste parmi les nations ». « Nous avons bien un dossier au département des Justes, mais il n'y a pas assez d'éléments. Il n'est pas complet. Et on préfère le laisser ouvert, car une fois que la décision est prise — de ne pas le déclarer comme étant un Juste, donc —, on n'y revient plus. » Il faut savoir que l'ouverture d'un dossier est déjà une étape importante — ce n'est pas systématique, cela veut dire qu'il existe bien des éléments susceptibles d'être étudiés, ça n'est pas rien. Ce dossier avait été ouvert en 1998 — sans doute à la suite du documentaire de Derri Berkani.

Irena m'a dit cette phrase qui m'a guidé tout le

long de ma quête : « Vous savez, c'est un dossier spécial pour nous. Nous serions heureux si vous nous aidiez. » Elle a ajouté : « Il y a eu des choses, on en est sûrs. Bon, c'est vrai, il y a eu beaucoup de légendes, aussi. »

Depuis plus d'un demi-siècle, souligne-t-elle, Yad Vashem s'est fortement engagé dans quatre domaines principaux qui forment les piliers de la mémoire, je retiendrai ces quatre mots : la commémoration, la documentation, la recherche et l'éducation. En disant cela, Irena me fait prendre conscience d'une intuition que je n'avais jamais formalisée jusqu'ici : la mémoire, la recherche et l'enseignement sont intimement liés. En recherchant des témoins, en se plongeant dans les archives, on se retrouve au cœur même d'une chaîne de transmission du passé vers l'avenir : c'était exactement cela que je souhaitais.

Paris VIIIe,
Chez Serge Klarsfeld

« J'ai eu une mère algérienne et musulmane pendant quelques mois. Elle s'est appelée Mme Kader… » J'ai un petit choc au moment où Serge Klarsfeld me raconte cette anecdote. Sa mère, une musulmane ? Il m'explique que, durant l'Occupation, elle a bénéficié de faux papiers avec un prénom et un nom arabes. Qui les lui avait délivrés ? « C'était, je crois, une filière classique de faussaires », me répond-il.

Il n'a pas beaucoup de temps à me consacrer — je suis impressionné par son bureau, partout où se pose mon regard ce ne sont que bobines d'archives et dossiers. Des chats vont et viennent comme en territoire conquis. Sa femme Beate n'est pas loin, dans un autre salon du grand appartement, elle est affairée, le téléphone ne cesse de sonner. J'oublie que Klarsfeld a soixante-seize ans et son épouse seulement quatre ans de moins. Ils semblent ignorer l'idée même de retraite. L'homme et la femme se ressemblent, ils ont l'air tranquille, mais cela saute aux yeux : une détermination hors normes les habite. Où vont-ils chercher cette force ? Je suis admiratif de leur combat, leur obsession. Je me dis aussi qu'il n'y a pas beaucoup de différences entre une vie consacrée à une cause et une vie sacrifiée. J'aime tout de suite la manière dont Serge Klarsfeld se présente à moi : « Ça fait quarante ans que je suis un militant de la mémoire », me dit-il, comme si j'ignorais son histoire.

Quand j'ai entrepris mes recherches, l'idée de le rencontrer m'a paru évidente. J'ai apprécié la facilité avec laquelle il a accepté un rendez-vous. Il m'a dit : « Il y a vingt ou trente ans, j'avais entendu une rumeur, une rumeur invérifiable sur cette histoire de Juifs sauvés par la Mosquée de Paris. En revanche, je n'ai pas entendu un seul témoignage. Mais je n'exclus pas qu'il y ait eu des Arabes qui ont sauvé des Juifs d'Afrique du Nord en leur donnant des faux-vrais certificats de musulmans. Il était normal pour des sépharades parlant arabe de s'adresser à la Mosquée — ce devait être le seul édifice musulman à l'époque —, comme certains se sont adressés à des églises protestantes. D'ailleurs, des Juifs ashkénazes d'Europe de l'Est se sont adressés à l'église orthodoxe de la rue Daru, à Paris, qui a rédigé de nombreuses fausses attestations entraînant l'arrestation du prêtre qui les avait délivrées. Il est mort aux mains des Allemands. Si on ne s'appelait pas David ou Abraham, il y avait des chances. C'était surtout des certificats de complaisance. Au moment des rafles, sans doute des Juifs ont-ils trouvé refuge au sein de la Mosquée, le temps de fuir ailleurs. Peut-être même des voisins de la Mosquée. Mais ils n'ont pas dû y rester bien longtemps. C'était mon cas, par exemple, en 1943, à Nice, avec ma sœur, nous nous étions cachés dans un placard durant une nuit, on a attendu le lendemain matin pour partir. »

Pense-t-il que cette histoire de Juifs sauvés par la Mosquée soit réelle ? « On peut considérer que ce genre de choses a dû se passer, il reste encore des faits inconnus, peut-être en saura-t-on plus dans l'avenir. Je n'ai pas de doute, mais je crois que ça ne va pas au-delà de quelques cas. On n'a pas encore trouvé de témoignages. Il faudrait que des personnes se penchent sur le sujet. »

Je lui demande pourquoi il y a si peu de traces. « On n'écrivait pas, m'explique-t-il. Vous savez, les recherches de Justes parmi les nations ne sont actives que depuis les années 80-85. Et les découvertes les plus importantes sont assez récentes … »

Il termine par ces mots qui m'ont un peu découragé : « À l'époque, il y avait encore des vivants, mais, aujourd'hui, la plupart des témoins sont morts. C'est dommage. Peut-être existe-t-il quelque part des lettres de remerciements ou des documents … »

La Courneuve,
Archives du ministère des Affaires étrangères

Vichy, le 24 septembre 1940
Directeur politique adjoint
NOTE POUR LE MINISTRE

Les autorités d'occupation soupçonnent le personnel de la Mosquée de Paris de délivrer frauduleusement à des individus de race juive des certificats attestant que les intéressés sont de confession musulmane. L'imam a été sommé, de façon comminatoire, d'avoir à rompre avec toute pratique de ce genre. Il semble, en effet, que nombre d'israélites recourent à des manœuvres de toute espèce pour dissimuler leur identité.

f.h.

Voici la note que j'ai retrouvée aux archives du ministère des Affaires étrangères sous la cote : VICHY 39-45/DOSSIER N° 20. Elle était destinée au général Weygand, alors ministre de la Défense nationale dans le gouvernement de Vichy. Le document, authentifié, prouve au moins une chose : ces histoires de faux certificats de musulmans octroyés aux Juifs faisaient suffisamment de bruit pour que les autorités allemandes ou la Gestapo en soient averties. Ce n'est sûrement pas un, ou deux ou trois, mais des centaines de Juifs qui en ont bénéficié.

Maintenant, je cherche à recouper cette information officielle en me dirigeant vers ce qu'il reste de la famille Benghabrit. Une famille aux multiples ramifications. Le fondateur de la Grande Mosquée de Paris a eu six enfants : cinq garçons et une fille, celle-ci, la benjamine, est née d'un deuxième lit. Je ne sais pas s'ils sont encore vivants.

2

C'est inimaginable ce que l'on peut découvrir dans ce commissariat de police du Ve arrondissement. Qui peut penser qu'au deuxième étage se trouve un service baptisé Centre de la mémoire et des archives ? Pas grand monde, surtout qu'au rez-de-chaussée, c'est un commissariat qui ressemble à tous les autres : une dame d'un certain âge répète au guichet qu'elle a perdu ses pièces d'identité ; juste derrière elle, un jeune homme agacé, avec un casque de moto, est visiblement pressé de porter plainte, il ne retrouve plus son scooter… D'autres personnes attendent leur tour.

Au deuxième étage, l'ambiance est tout autre : le calme des bibliothèques, l'odeur des vieux papiers. Chaque fois que je m'y suis rendu, il y avait au moins trois ou quatre personnes de tout âge. On trouve des dossiers établis par la police — des biographies, des notes des Renseignements généraux, des revues de presse d'époque, etc. C'est une mine d'informations insoupçonnable. Le classement est un peu aléatoire, il y a bien un ordre alphabétique, mais les noms sont jetés comme des boules de loterie. On ignore pourquoi telle personnalité est surveillée et pas une autre — on remarque que les policiers sont ceux qui sont les plus contrôlés par d'autres policiers ; des princes côtoient des chansonniers. Beaucoup de fiches sur des écrivains. Devant cette quantité d'archives, il y a un risque évident de laisser passer des informations essentielles. Il faut rester concentré sur son but, on voit qu'il existe un dossier sur la bande à Bonnot — envie d'y jeter un coup d'œil, mais pas trop le temps. Il y a aussi Léon Blum, Vincent Auriol, Louis-Ferdinand Céline, Mitterrand et l'attentat de l'Observatoire. Il faudra regarder de près le dossier consacré au général Weygand, un autre traite d'une exposition « Le Juif et la France » ou, encore, cette note sur un court film sorti en 1942, *Le péril juif*, que j'ai vu. C'est effarant, même si on me dit qu'il faut resituer *tout cela* dans le contexte de l'époque.

Je mets de côté sans le consulter le dossier intitulé : « Bouamama Allaoua », né en 1925, au Maroc, chauffeur du recteur Hamza Boubakeur de la Mosquée de Paris. Condamné pour recel en 1961-1979.

Je demande le dossier « Lucien Alius, né le 30-06-1912, Paris 5e », converti à l'islam et opposé à Si Kaddour Benghabrit, membre du Cercle de l'éducation, musulman collaborateur.

Je jette un coup d'œil sur le dossier « Kraehling Victor et Julien. 1892 ». Je crois avoir lu quelque part ce nom comme étant celui de l'avocat de Si Kaddour Benghabrit au moment où ce dernier a été arrêté. À consulter plus tard, c'est peut-être intéressant.

À surveiller le dossier : « Valais, née Halali, Berthe. Née le 16-12-1926. Morte en 1943 ? »

Paris Ve,
Grande Mosquée de Paris

La Grande Mosquée de Paris est un bunker. Pour ceux qui ne le savent pas, voici ce qu'on trouve à l'entrée, sur une petite affiche :

> Pour dissiper toute équivoque et répondre à des questions souvent posées, le public est informé que : l'Institut musulman et la Mosquée de Paris appartiennent de droit et en toute propriété légale à la Société des Habous et Lieux saints de l'Islam. C'est donc une institution privée à vocation publique et internationale gérée et dirigée par le bureau exécutif de ladite société sous l'égide de son président-recteur…

Les mots « institution privée » sont soulignés d'un trait manuscrit. La Société des Habous et Lieux saints de l'Islam a été créée au moment de la décision de construire la Grande Mosquée de Paris, c'est elle qui administre l'édifice religieux.

On m'avait prévenu que ce serait difficile et fermé. Quand j'ai demandé à Dalil Boubakeur, l'actuel recteur de la Grande Mosquée de Paris, s'il existait des documents de la Mosquée durant l'Occupation, j'ai d'abord reçu un accueil réservé. Il n'y a rien, ici, m'a-t-on dit, pas d'archives.

La Grande Mosquée de Paris doit regorger de secrets et de documents. J'ai voulu la visiter pour corroborer cette histoire de passage par les égouts évoquée dans le documentaire de Derri Berkani : impossible. Lors de ma venue, on m'a affirmé que des travaux rendaient impossible toute visite.

Ces documents ont-ils été cachés, brûlés, jetés à la poubelle par négligence ? Il se peut aussi qu'on s'en soit débarrassé par une négligence coupable. Ou ont-ils simplement disparu sans que personne s'inquiète de leur véritable valeur ? Je n'en sais rien. On m'a affirmé et répété qu'il n'existait pas et qu'il n'avait jamais existé d'archives. Tout ce que je sais, c'est que, malgré mes recherches et ma ténacité, je n'ai rien pu trouver. Dommage. Sans les traces écrites, il n'y a pas de mémoire possible.

Pourtant, Dalil Boubakeur acceptera de me rencontrer à plusieurs reprises.

Québec,
Abdeslam Daouzli, arrière-petit-fils de Si Kaddour Benghabrit

Pour ça, Internet est formidable. J'ai passé des heures et des heures à consulter des forums de discussion où il était question de la Mosquée de Paris ou de Si Kaddour Benghabrit, je me suis inscrit sur des réseaux sociaux pour pouvoir échanger avec des personnes qui seraient susceptibles de connaître quelqu'un de la famille… Inlassablement, je laissais des messages disant simplement que je voulais prendre contact et donnais l'objet de ma recherche : en savoir plus sur SKB. En retour, j'ai souvent reçu des messages d'erreur comme si l'adresse du destinataire n'existait plus. J'ai aussi eu d'agréables surprises. Telle cette lettre arrivée sur ma messagerie électronique signée d'Abdeslam Daouzli. Son frère, dont j'avais retrouvé les coordonnées, lui avait transmis ma quête. « C'est avec plaisir, m'écrit-il, que je vous donnerai quelques informations qui sont en ma possession sur feu mon arrière-grand-père Si Kaddour Benghabrit. » Daouzli a lui-même commencé des recherches vers 1990 sur la vie de SKB — c'est comme cela qu'il le nommait. Pour lui aussi, ce personnage aux multiples facettes reste une véritable énigme : « Il a fait tant de choses durant sa vie : diplomatie, arts et culture, vie mondaine, religion, politique, etc. On a dit de lui qu'il était "le plus parisien des Africains et le plus africain des Parisiens". » L'arrière-petit-fils de Benghabrit a dû interrompre ses recherches après s'être installé au Québec en 2002. Il me donne, dans sa lettre, les informations qu'il a pu rassembler, il me conseille la lecture d'ouvrages tels que celui d'Alain Boyer, *L'Institut musulman de la Mosquée de Paris*. Il me rappelle le cas Salim Hallali et l'histoire de la tombe gravée au nom de son père par SKB ; il me parle d'un film réalisé par Mohamed Fekrane, *Ensemble*, en 2010, qui relate le rôle des musulmans dans le sauvetage des Juifs. Il évoque aussi le documentaire de Derri Berkani. Il me demande enfin si j'ai pensé à contacter Les Bâtisseuses de paix, cette organisation qui réunit des femmes juives et musulmanes et qui a déjà évoqué les actes de SKB. Puis son courriel se conclut ainsi : « Voilà ce que je peux vous dire pour le moment et je vous souhaite des recherches fructueuses. J'ai hâte de lire le résultat de vos travaux. Cordialement. »

Quel plaisir de recevoir cette lettre, même si la plupart des informations ne me sont pas inconnues : j'ai déjà lu les livres qu'il me conseille — et ils sont en effet très enrichissants. Quant à l'association Les Bâtisseuses de paix, qui effectue un travail de fourmi considérable, j'ai rendez-vous avec sa dirigeante.

Le film dont il parle, *Ensemble*, n'est pour le moment qu'un court-métrage. En revanche, une autre fiction est sortie sur grand écran : *Les hommes libres*, d'Ismaël Ferroukhi, avec Michael Lonsdale dans le rôle de Si Kaddour Benghabrit. Mahmoud Shalaby, un acteur israélo-palestinien, campe Salim Halali. Et Tahar Rahim joue un jeune contrebandier, au début indifférent à ce qui se passe — seul le fait d'amasser de l'argent l'intéresse —, puis il va participer au sauvetage de deux enfants juifs. J'ai vu trois fois ce long-métrage, et j'ai rencontré son réalisateur. Il était heureux de voir d'autres personnes travailler sur ce sujet. Il m'a appris que l'actuel recteur de la Grande Mosquée de Paris ne lui avait pas donné l'autorisation de tourner le film sur place et que le tournage avait finalement eu lieu au Maroc. J'ai participé à la plupart des débats, à Paris ou en région parisienne, qui ont suivi les projections. Ce long-métrage m'a permis d'explorer d'autres pistes.

Paris XVIIe, au Cinéma des cinéastes
Débat autour du film Les hommes libres

Benjamin Stora, l'historien de l'Algérie, est de tous les débats dès lors qu'il s'agit de l'Algérie. Il faut qu'il fasse attention : on a l'impression qu'il est le seul à pouvoir aborder ce vaste sujet. Cela dit, il est toujours passionnant. Ce jour-là, il rappelle le contexte de l'époque : « Il y avait 100 000 Maghrébins en France en 1939 ; ils n'étaient ni français ni immigrés, ils n'avaient pas de statut. C'étaient des silhouettes, des invisibles, considérés comme des indigènes, abandonnés. On sait juste qu'ils ont participé à la construction du mur de l'Atlantique », explique-t-il.

D'autres prennent la parole, tel ce Ghaleb Bencheikh dont les mots respirent l'intelligence et la générosité. J'en avais entendu parler, il œuvre pour le rapprochement des religions avec conviction et courage. C'est le fils de Cheikh Abbas, ancien directeur de la Grande Mosquée de Paris entre 1982 et 1989. Ghaleb Bencheikh nous dit qu'Albert Assouline venait souvent voir son père.

Une femme a été présentée avant le débat, mais elle ne prend jamais la parole : Aziza Benghabrit, la fille de Si Kaddour Benghabrit. Sa présence m'étonne — j'ignorais qu'un des enfants de Benghabrit était encore vivant, et elle semble si jeune pour être la fille d'un homme disparu en 1954 à l'âge de quatre-vingt-six ans. Je me dirige vers elle après la projection du film. Nous prenons rendez-vous pour la semaine suivante.

Vallauris,
Jean-Jacques Sarfati,
directeur de la maison de retraite
Centre long séjour

J'avais ce bout d'information : Salim Halali a fini ses jours dans une maison de retraite près de Cannes. Parfois, la chance vous sourit. C'est seulement au bout de la cinquième maison de retraite repérée sur l'annuaire que je tombe sur la bonne personne. Et, par miracle, l'employée que j'ai au bout du téléphone se souvient et me dit : « Oui, M. Halali a bien séjourné chez nous. Il est décédé en 2005. » En 2005 ! Comme je regrette de ne pas avoir démarré mon enquête plus tôt !

J'explique l'objet de mes recherches au directeur, Jean-Jacques Sarfati, il m'écoute attentivement, même si le téléphone ne cesse de sonner — j'observe ainsi que la gestion d'une maison de retraite ressemble à celle de toute entreprise sous stress. Ma question : tenter de savoir si Halali n'a pas laissé de documents, s'il n'avait pas un frère ou une sœur, des enfants. On me dit : « M. Halali a eu une vie très riche. Il était homosexuel... »

J'apprends qu'il est mort dans la misère après avoir vécu une longue partie de sa vie dans le luxe

— il a participé au mariage du roi, c'était l'un de ses amis. Il aurait été spolié. Il ne vivait plus qu'avec 1 500 euros par mois, et encore il était pris en charge par l'aide sociale. Il est mort complètement déprimé. Un ami l'a toujours soutenu, mais je n'ai pas réussi à obtenir son nom.

Il avait une sœur à Paris qui n'est pas venue à son enterrement.

Je n'ai pas eu accès à son dossier administratif. J'ai juste pu obtenir son extrait d'acte de naissance.

Et ma question : est-ce qu'il a été sauvé par la Mosquée de Paris ? « Il en parlait. Puis, à d'autres moments, il disait que c'était faux. Il avait une sorte d'Alzheimer », me raconte Jean-Jacques Sarfati.

J'ai cherché à joindre sa sœur. En vain. Je crois qu'elle se prénomme Berthe.

Faut-il que je mette une croix sur ce témoin clé que personne n'a songé à interroger de son vivant ?

3

Salim Halali était-il conscient du sort qui l'attendait si on découvrait qu'il était juif ? Je ne le crois pas — il semble avoir été quelqu'un d'insouciant et d'inconscient. Pourtant, il devait le savoir. J'avais entendu dire qu'il avait une sœur prénommée Berthe (il aurait sept sœurs et trois frères) et pensais qu'elle était peut-être encore vivante et qu'elle pouvait m'aider. J'ai longtemps cherché, croyant avoir plus de chance que Yad Vashem qui s'était adressé à la famille sans recevoir une quelconque réponse. J'ai longtemps cherché et j'ai retrouvé sa trace : elle était morte depuis bien longtemps. À Auschwitz. Salim le savait-il ? Ou plutôt comment pouvait-il ignorer le sort funeste de sa sœur qui habitait dans le IVe arrondissement de Paris, rue François-Miron, dans le quartier juif sépharade, à quelques mètres de la rue des Rosiers, le quartier des Ashkénazes ? C'était sa petite sœur. Lui était né en 1920 à Bône, en Algérie, et elle, six années plus tard dans la même ville. Berthe, c'était aussi le prénom de son arrière-grand-mère — chez les Juifs d'Algérie, on disait Beïa.

Oui, j'ai longtemps cherché avant de trouver ces quelques lignes sur Berthe Valaix, née Halali. Son nom avait été mal orthographié — Valais, avec un « s » au lieu d'un « x ». Je l'avais vu dans les archives de la police, à Paris, sans demander le dossier, pris par une autre recherche. Ce n'est que quelques mois plus tard, après avoir relu mes notes, que je demande le dossier et découvre ce télégramme daté du 17 août 1943.

> Il a été arrêté ce jour par l'inspecteur de brigade Permilleux *[l'orthographe n'est pas certaine]* pour être conduite au dépôt à destination du camp de Drancy la Juive Valaix née Halali Berthe le 16 décembre 1926 à Bône, nationalité française, mariée, un enfant, sans profession, domiciliée 36, rue François-Miron à Paris.
>
> Elle est en compagnie de son enfant Valaix Claude né le 21 février 1943, à Paris XVe.

Tête baissée, je me lance cette fois en quête de cet enfant né en 1943. Peut-être est-il encore vivant ?

Au Mémorial de la Shoah, j'accède à un fac-similé d'une liste de personnes déportées à Auschwitz dans laquelle je retrouve leurs noms qui se succèdent sur une fiche (numéros 4030 et 4031). Ils avaient été mis dans le même convoi, le même jour, le n° 59 au départ de Drancy le 2 septembre 1943. Une annotation en allemand figure à la colonne métier : la mère est « sans profession » ; sur celle de son fils, on a juste inscrit « *Kind* ».

Je retrouve leur nom dans un arrêté intitulé *Mort en déportation*. Je vois que Berthe Halali est décédée le 7 septembre 1943 à Auschwitz (Pologne). C'était une jeune maman qui allait sur ses dix-sept ans. Son enfant, Claude, est décédé le 30 septembre 1943, à Auschwitz aussi. Il avait sept mois à peine. Le nourrisson a donc survécu quelques jours à sa mère. Mais que faisaient des bébés dans les camps ?

Berthe et Claude Valaix sont inscrits sur le Mur des Noms, au Mémorial de la Shoah.

Salim-Simon est un miraculé. S'il n'avait pas bénéficié de la protection de la Mosquée de Paris et de son directeur, il aurait connu le même destin que sa sœur. J'ai appris qu'avec sa mère Salim chantait dans les bistrots de la rue François-Miron. Si Kaddour Benghabrit l'a ensuite embauché au café de la Mosquée parmi d'autres chanteurs, des chanteurs arabes et musulmans.

Paris VIe,
Chez Aziza Benghabrit-Zouaï,
fille de Si Kaddour Benghabrit

Aziza Benghabrit est là, devant moi. C'est une étrange impression que de se retrouver face à la fille d'un homme disparu depuis près de soixante ans et qui occupe votre esprit et une grande partie de votre temps. Elle est grande dans ce petit atelier d'artiste empli de toiles — les siennes. Elle possède l'élégance discrète de ces dames plus riches par leur éducation que par leur fortune.

Je ne sais pas ce qui se passe dans la tête d'Aziza Benghabrit-Zouaï quand je lui révèle des choses qu'elle ignorait sur son père. Il l'avait eue sur le tard, à l'âge de soixante-treize ans, avec sa très jeune épouse. Comprend-elle que l'on puisse s'intéresser à lui sans être un proche ?

Pour elle, l'aura de son père dépassait les frontières de la France, sa dimension allait même au-delà du Maghreb. Je trouvais que c'était un bon résumé du portrait de SKB. En cela, on pouvait le considérer comme un homme d'État. Sa fille ajoutait que son père était un idéaliste avec le sens des réalités, un homme de paix, qui avait beaucoup de compassion pour les gens. Je voulais bien la croire. De nombreux éléments parmi ceux que j'avais réunis allaient dans ce sens.

Aziza avait donc treize ans quand son père est mort en juin 1954. C'était une fille haute de taille, ce qui se remarquait à l'époque. Il existe une photo d'elle prise par *France-Soir* au moment de l'enterrement de Si Kaddour Benghabrit. Elle semble fière, entre deux hommes habillés en gandouras blanches.

À un moment de la conversation, elle me dit, mais je crois qu'elle s'adresse à elle-même : « Je ne comprends pas pourquoi il a été complètement oublié. » J'ai envie de lui répondre que la mémoire ça se travaille. Et que, sans doute, j'en suis même sûr, d'autres ont œuvré pour qu'on l'oublie. On peut mourir deux fois. Aziza continue, comme si elle avait entendu mes pensées : « On a posé une sorte de couvercle sur lui. » Elle souligne : « C'est dommage, quand vous voyez ce qui se passe en ces temps troublés. »

Elle est contente du film d'Ismaël Ferroukhi : « Le message essentiel est passé : mon père a sauvé des Juifs et des personnes menacées quelle que soit leur origine. Il a été l'architecte de ces sauvetages *avec* (c'est elle qui souligne) le personnel de la Mosquée. Il en a été l'ordonnateur. Sans lui, ça n'aurait pas été possible. » Elle me surprend, Aziza, elle a quelque chose que j'ai rarement observé : elle est à la fois tellement passionnée et tout en retenue.

Quelles étaient les relations avec son père ? « J'étais sa dernière fille, il m'a eue tardivement. Il m'aimait énormément, il m'écoutait. Je me souviens que pour réfléchir, il faisait les cent pas les mains derrière le dos. J'essayais de le suivre, je faisais les mille pas. Quand il avait fini, il en ressortait apaisé. Pour se détendre, il faisait des réussites, aussi. »

Elle me dit qu'il est difficile de prendre conscience de ce qui se passe quand on a treize ans. Mais elle se souvient très bien : « Quelques mois après la mort de mon père, on racontait qu'il avait sauvé des Juifs. Je suis sûre que c'est vrai. Même cette histoire de tombe dans le carré des musulmans. On en parlait beaucoup. Quand j'avais dix-sept ans, on en parlait encore... »

La conversation devient spontanée, je n'ose pourtant pas l'interrompre. Je note ceci, en vrac :

« C'est dommage, tous ces gens qui sont morts et qui ne peuvent plus témoigner. Comme Salim Halali.

Mais on trouvera des traces, j'en suis sûre, on trouvera des témoignages.

« Mon père était d'une grande probité intellectuelle, cet homme a travaillé dans l'intérêt de son pays. Ce dont je suis sûre également, c'est qu'il ne faisait pas de différence entre les gens, entre les religions, entre les nationalités, tout en restant fidèle à ses origines. Son homme de confiance n'était pas musulman (Paul Valroff). Halali, il savait qu'il était juif. Il avait des amis de toute confession. »

Elle aurait pu ajouter que Maurice Mantout, l'architecte de la Mosquée de Paris et de l'hôpital franco-musulman de Bobigny, était juif également.

« Salim Halali était souvent à la mosquée durant l'Occupation, et il n'a pas eu de problèmes ni avec les Allemands ni avec la Gestapo.

« Après le décès de mon père, ç'a été brutal. Je l'ai vu mort, ce fut un choc, mais c'était important, j'ai compris qu'il était parti.

« Pourquoi ce couvercle sur lui après sa disparition ? Il a dérangé. Je pense que le fait qu'il ne se vantait pas a ajouté à l'oubli, il ne faisait pas sa propre promotion et il avait anticipé les problèmes qui allaient venir. Il reste des points d'interrogation. Je serais ravie qu'il soit reconnu, mais pour moi, ce n'est pas nécessaire, quoi qu'il se passe, je sais que c'était un homme juste. Mon père était dans la droite ligne de ce que faisait Mohammed V. »

J'ose une question : était-il possible que des sous-sols et des égouts on puisse accéder à la Bièvre, sur les quais de la Seine ? « Je suis descendue dans les sous-sols, juste de quoi me faire peur. Pour revenir sur mes pas, un chat m'a guidée. Existe-t-il des sous-sols qui conduisent à la Bièvre ?... Je ne sais pas. »

Et est-ce qu'elle connaît des gens qui pourraient témoigner ? « Oui », me répond Aziza Benghabrit. Puis elle me parle d'un certain Tardieu, Michel Tardieu. Il lui aurait envoyé une lettre il y a six ans. Tardieu ? Tardieu, ce nom m'évoque quelque chose, Derri Berkani m'en avait parlé aussi. Il m'avait dit : docteur Tardieu. J'avais alors recherché dans tout l'annuaire et je n'avais pas trouvé. Aziza me montre une adresse en m'affirmant qu'elle n'est pas sûre qu'elle soit toujours valable. Je doute aussi, j'ai l'habitude.

Paris IIIe,
Chez Michel Tardieu,
fils d'Oro Boganim, infirmière juive

Quand je consulte à nouveau l'annuaire, des mois après avoir cherché le docteur Tardieu, je tombe sur un Michel Tardieu — il n'est pas médecin. J'appelle une première fois, pas de réponse, je préfère ne pas laisser de message. J'essaie le lendemain matin, cette fois je laisse un mot avec mon numéro de portable. En fin de journée, je reçois un appel.

Michel Tardieu est né en 1944, à Casablanca. Il me reçoit chez lui, dans un bel appartement du IIIe arrondissement.

Sourire et poignée de main franche, l'homme a l'accueil simple et chaleureux. Il fait bon chez lui, alors que dehors le temps est loin d'être clément. Il me propose un café. On entre assez rapidement dans le vif du sujet. « Je n'ai pas de souvenirs d'enfance précis, mais de ça je me souviens très bien, presque au mot près. Ma mère m'a raconté à plusieurs reprises que Si Kaddour Benghabrit l'a appelée à l'hôpital franco-musulman de Bobigny où elle exerçait le métier d'infirmière, et lui a dit ceci : "Les Allemands sont en train de regarder les dossiers du personnel de l'hôpital, ils vont se rendre compte que tu es juive. Sauve-toi tout de suite !" » Quand il raconte ce moment-là, les yeux de Michel Tardieu s'absentent comme pour se remémorer les mots de sa mère. Il a l'air calme, mais ses mains s'agitent. Il me répète trois ou quatre fois cette histoire. Il ajoute que Si Kaddour a sans doute aidé sa mère à partir et à rejoindre la zone libre puis le Maroc où elle est retournée au sein de sa famille. « Je sais qu'il l'a aidée à sortir, mais je ne sais pas comment. Mon père, Noël Tardieu, français et catholique, l'a rejointe un peu plus tard au Maroc — pour lui, il y avait moins d'urgence. J'y suis né en mai 1944, à Casablanca, dans la petite clinique que ma mère avait créée dans cette ville. »

Pour connaître la judéité de sa mère née Oro Boganim, en 1910, à Mogador — rebaptisée Essaouira —, il suffisait de consulter les dossiers du personnel de l'hôpital. Si Kaddour le savait. Plus tard, bien plus tard, dans les années 2000, Michel Tardieu a pu accéder brièvement au dossier de sa mère dans les archives de l'hôpital. Il en a été ému et choqué à la vision du grand tampon sur la couverture du dossier. Le mot *JUIVE* sautait aux yeux.

De retour chez moi, je mets mes notes au propre, les paroles de Michel Tardieu me reviennent facilement.

« Quand ma mère parlait de Si Kaddour, c'était comme son père. Son vrai père est mort alors qu'elle avait quinze ou seize ans. Elle était l'aînée de huit enfants et, du coup, elle est devenue très vite responsable de la famille. Elle voulait sortir de son milieu, et c'est pour cela qu'elle a rejoint la France vers la fin de l'année 1932 pour effectuer des études d'infirmière, elle a décroché son diplôme d'État à l'âge de vingt-deux ans. Elle a été affectée à l'hôpital franco-musulman de Bobigny parce qu'elle parlait l'arabe. C'était une juive marocaine. Oui, il y avait une communauté de vie entre les Arabes et les Juifs.

« Je crois qu'elle n'a eu de cesse de vouloir épouser un non-Juif. Elle a fini par se marier avec un catholique, mon père, en 1933 ou 1934 (je vérifierai). Mon père était dessinateur dans la publicité. Ma mère ne voulait pas retourner au Maroc, elle envoyait juste des photos à sa famille. Elle était très sociable, et s'était bien intégrée dans le milieu des médecins. Si Kaddour a été précieux pour elle. Ils se tutoyaient. Il était très chaleureux avec nous.

« Elle est ensuite toujours restée proche de Si Kaddour qui est devenu un ami de la famille. Je me souviens, enfant, quand nous venions à Paris dans les années 1948 à 1950, que nous étions reçus en grande amitié dans les appartements privés de la Mosquée de Paris. Nous avons également souvent revu Si Kaddour Benghabrit lors de ses passages à Casablanca. Je vous montrerai une ou deux photos prises avec lui et mes parents, et moi-même ayant autour de quatre ans, lors d'un embarquement sur un paquebot liant Casablanca à Marseille, où il nous avait accompagnés en nous souhaitant bon voyage. J'ai aussi un livre de Si Kaddour Benghabrit intitulé *Abou-Nouas ou L'art de se tirer d'affaire*, dédicacé à "M. et Mme Tardieu, hommage en toute sympathie".

« Ces liens amicaux qui ont duré, et la confiance réciproque entre ma mère et Si Kaddour qui me traitait, enfant, avec toujours beaucoup d'affection, attestent de la reconnaissance évidente que ma mère avait pour l'homme qui lui avait en quelque sorte sauvé la vie. Il suscitait un grand respect au sein de notre famille. Il lui a d'ailleurs témoigné son amitié au-delà de la guerre, car ma mère par les introductions obtenues de Si Kaddour a été l'infirmière de nombreuses personnalités marocaines au Maroc et notamment du pacha de Marrakech, El Glaoui, et, au palais royal de Rabat, de Sa Majesté le roi Mohammed V et de son frère. Elle a obtenu, grâce à ses services rendus au royaume chérifien en avril 1952, le titre de chevalier de l'ordre du Ouissam alaouite. » L'ordre du Ouissam alaouite, c'est un peu notre Légion d'honneur, ce titre n'est décerné que par le roi et, à l'époque, Oro Tardieu était la deuxième femme seulement à bénéficier de cette distinction.

« Enfant, je courais dans les couloirs de la Mosquée. Comme je vous l'ai dit, ma mère est retournée au Maroc, après avoir été dans la zone libre. On y a vécu jusqu'en 1962. Si Kaddour est resté son protecteur et son père adoptif. Grâce à lui, elle s'est retrouvée dans les milieux de l'élite marocaine. Elle a soigné Mohammed V, sa famille et son entourage. J'ai même le souvenir que j'ai offert une corbeille de fleurs à Sa Majesté Mohammed V quand, de retour de Paris, il est passé au camp Cazes, l'aéroport de Casablanca à l'époque. On est allés l'accueillir, et on l'attendait au pied de l'avion avec ma corbeille de fleurs.

« Je me souviens de repas "colossaux". Je me rappelle aussi une fille avec qui on jouait souvent. Elle s'appelle Aïcha El-Mokri — je donne son nom, au hasard, si elle m'entend. Un jour, j'avais huit ans, on jouait à se rattraper en courant, elle m'a fait une feinte et j'ai foncé directement dans le grand miroir mural, j'ai longtemps saigné. » (J'ai vérifié pour El-Mokri, le Premier ministre du roi s'appelait Mohamed El-Mokri. Aïcha était-elle sa fille ?)

Michel Tardieu se souvenait de plus en plus, la preuve que la mémoire est un muscle qui s'entretient : « Ma cousine germaine, que ma mère traitait comme sa fille, était venue à Paris se faire soigner de la typhoïde. Si Kaddour a mis à la disposition de ma mère sa voiture et son chauffeur et toutes sortes de facilités pour arranger leur séjour à Paris.

« Si Kaddour est mort en 1954, ma mère en a été très affectée. Elle est morte en 1976, mon père en 1974. J'avais trente ans. Je n'ai pas de preuves, mais de vrais souvenirs. »

Ce témoignage de Michel Tardieu me semble important à transmettre, c'est peut-être même le plus important. Je me souviens des paroles d'Irena Steinfeldt, du comité Yad Vashem : un témoignage oral seul ne saurait suffire. Appuyé par un document écrit, c'est mieux. Beaucoup mieux. Ce document, je l'ai trouvé dix mois après avoir rencontré Michel Tardieu. Il n'en connaissait pas l'existence. Ce papier, que je lui ai envoyé, représente une partie du puzzle familial qu'il essaie de reconstituer.

Bobigny,
Archives de l'hôpital franco-musulman

J'ai d'abord trouvé un document prouvant que la mère de Michel Tardieu figurait bien sur le registre du personnel de l'hôpital franco-musulman de Bobigny.

J'ai ensuite déniché cet élément qui montre combien Si Kaddour Benghabrit a tenté d'aider Oro Tardieu.

Direction des Affaires départementales,
Préfecture départementale de la Seine

Paris, le 21 juillet 1941

NOTE

à Monsieur le Directeur de l'hôpital franco-musulman.

Comme suite à votre note du 27 juin 1941, concernant Mme TARDIEU, ex-infirmière de première classe à votre Établissement, à laquelle Son Excellence SI KADDOUR BEN GHABRIT s'intéresse, j'ai l'honneur de vous faire connaître qu'il n'est pas possible de donner suite à la demande de l'intéressée.

En effet, des renseignements recueillis, il résulte que Mme TARDIEU est d'origine israélite, et tombe sous le coup des lois des 3 octobre 1940 et 2 juin 1941, portant statut des Juifs.

Dans ces conditions, vous voudrez bien faire connaître à Son Excellence SI KADDOUR BEN GHABRIT que Mme TARDIEU ne peut prétendre reprendre son emploi.

Le Directeur des Affaires départementales

Oro Tardieu semble être une femme hors du commun. Courageuse ou inconsciente, elle voulait retourner à son travail. Mais pouvait-elle imaginer ce qui se passait vraiment en 1941, à Paris ? Le port de l'étoile jaune, la Gestapo, les rafles qui allaient être massivement organisées… Pensait-elle qu'un faux papier allait suffire ? Qu'il n'y avait plus de danger ? Elle désirait viscéralement quitter sa condition et, sans doute, un milieu étouffant. N'est-ce pas normal pour une femme qui avait goûté au parfum de l'indépendance et aux joies de la liberté ?

Et Si Kaddour ? Par cette intervention durant l'année 1941 en faveur d'une Juive, ne prenait-il pas un risque ? Des fausses attestations pour Oro Tardieu avaient-elles été préparées pour qu'elle puisse retrouver son poste d'infirmière à l'hôpital franco-musulman de Bobigny ?

Bobigny,
Archives communales

C'est dans les sous-sols de la mairie de Bobigny, là où se trouvent les archives, que je tombe sur ce document daté de l'année 1940. Y figure tout le personnel administratif de l'hôpital franco-musulman. Il y a une centaine de noms répartis par catégories et par spécialités, de la direction aux « filles de service », du médecin-chef aux infirmières. C'est à la page 3 que je découvre le nom de Tardieu, suivi de la petite lettre « t » comme titulaire. Elles sont dix infirmières à travailler pour trois services : « O.R. Laryngologie », « Ophtalmologie » et « Médecine fiévreux ». Les collègues d'Oro Tardieu s'appellent Cabrol, Médard, Fournie, Stern, Laboureau, Valtat, Martel, Couve et Lemercier. Évidemment, j'ai envie d'enquêter sur chacun de ces patronymes. Que sont-ils devenus ? Cette Mme ou Mlle Stern était-elle juive ? A-t-elle eu les mêmes problèmes que Mme Tardieu ? Oro côtoyait aussi six « filles de service » et trois « garçons de service ».

En cette année 1940, la vie de l'hôpital est particulièrement mouvementée, il est tour à tour occupé par l'armée française, en juin, puis, vers la fin de l'année, il est dirigé par un commandant allemand qui prend la place du directeur. Ahmed Somia raconte dans un document des archives communales qu'au moment où l'établissement public reçoit la visite du prince Ratibor, certains médecins partent précipitamment en zone sud.

Au prix de quelques louvoiements diplomatiques que j'évoquerai à un autre moment et qui lui ont valu des ennuis, Si Kaddour Benghabrit réussit à reprendre la gestion de l'hôpital. « Les Allemands ne l'ont occupé qu'un an environ, rappelle Ahmed Somia. Et, de nouveau, les services ont fonctionné comme avant. Pendant toute la durée de l'Occupation, l'hôpital a servi pour hospitaliser des personnes évadées, et pour opérer des parachutistes anglais qui sont amenés la nuit par les groupes de résistance très actifs dans la région.

« À la Libération, dit encore Ahmed Somia, l'hôpital a eu une grande activité surtout en chirurgie où résistants blessés et prisonniers allemands se sont côtoyés. Pendant ces années troubles, le personnel infirmier a été admirable. Le personnel ouvrier a été très actif avec une cellule résistante très importante. »

Quand on lit des anecdotes comme celles-ci, on se demande si le docteur Somia a connu Oro Tardieu. Aujourd'hui, dans ce récit, ils apparaissent si éloignés l'un de l'autre. Il y avait deux cents personnes qui travaillaient au sein de l'hôpital, se sont-ils seulement croisés, parlé ? Ont-ils échangé des secrets ? Somia a-t-il vu Mme Tardieu partir en catastrophe le jour où elle a été prévenue de l'arrivée des autorités allemandes par Benghabrit ? Savait-il seulement qu'elle était juive ? C'est frustrant de rester avec toutes ces interrogations.

On voudrait pouvoir retourner dans le passé comme on reviendrait sur un lieu.

Lorsque je contacte à nouveau Michel Tardieu pour lui faire part de mes découvertes, il dit : « Je me souviens très bien que ma mère évoquait souvent “Somia” ou le docteur Somia comme elle le nommait sans jamais l'appeler par son prénom que je découvre en vous lisant. Je crois me souvenir qu'ils étaient proches et s'aimaient beaucoup. »

4

Il faudrait un jour tenter de déterminer le nombre de Juifs qui ont essayé de fuir vers l'Afrique du Nord. Il me semble que c'était comme une terre vers laquelle leur regard se portait naturellement et où ils pensaient pouvoir trouver refuge. C'était leur maison, quand le sort s'acharnait. Dans les archives du ministère des Affaires étrangères, j'ai vu quantité de lettres, des lettres qui n'étaient que des cris. Il y en avait beaucoup, toute une bobine que je faisais défiler — des destins qui basculaient vers la mort. On oublie que ces archives ne sont pas que des bouts de papier, elles sont faites de sueurs, de larmes, et, parfois, de sang. Il faudrait prendre le temps de lire en profondeur, une à une, ces vies, les reconstituer.

Je visais l'efficacité parce qu'il me fallait rester concentré sur l'objet de ma recherche, mais j'oubliais parfois l'essentiel : l'esprit des lieux, ces histoires vraies, criantes, incrustées sur du papier mis sous microfilms. Des appels au secours auxquels j'avais envie de répondre. Que ce soit aux archives du ministère des Affaires étrangères ou au Mémorial de la Shoah, je fonçais tête baissée à la salle des documents et je demandais les dossiers susceptibles de m'intéresser. Je fonçais tête baissée, parce que je n'avais que la matinée pour dénicher un maximum d'informations. Mais à un moment, je levais la tête et j'éprouvais le désir de me pencher sur toutes ces histoires, ces hommes et ces femmes qui m'appelaient et que je n'entendais pas, or c'était cela le plus important. Des lettres, des appels au secours, des documents expédiés à l'administration pour prouver qu'on n'était pas juif et pour échapper aux nazis ou à la Gestapo.

Je me suis promis d'y retourner, pour entendre tous ces cris.

Tanger, le 10 juin 1941

> Les israélites essaient, par tous les moyens, de s'en aller, voire avec de faux documents. Les places à bord des cargos se rendant aux États-Unis sont enlevées à des prix scandaleux. La surenchère la plus éhontée règne. Le nommé MICHELSON, de Radio-Tanger, a déboursé 200 dollars en plus du prix pour pouvoir partir avec toute sa famille. Il se dit toujours chargé de mission par le gouvernement du Maréchal et muni de lettres de recommandation pour nos ambassades et consulats. Son départ a donné lieu à une comique manifestation de sympathie des « gros » juifs de Tanger : tribu des Bendrao, des Hassan, des Ponte…
>
> Ainsi Tanger demeure une ville mosaïque à concurrence d'environ 55 % *[le chiffre n'est pas très lisible, il se peut que ce soit 85 %]*. Nous avons du

mal à leur barrer l'accès du Protectorat, car certains d'entre eux ont su s'y rendre soi-disant indispensables pour le ravitaillement…

Le nommé Michelson, c'est Charles Michelson, publicitaire de génie, il avait créé Radio-Tanger. Juif de Roumanie, il a été toute sa vie apatride. Dès le début de l'Occupation, sous la pression de Pierre Laval, il doit céder tous ses intérêts financiers — une fortune patiemment constituée grâce à ses activités professionnelles. Son réseau politique lui a permis de fuir, d'abord à Tanger, puis aux États-Unis.

Vichy, le 16 juin 1941

Depuis le mois de juin 1940, notre zone de l'empire chérifien a servi d'aire d'escale ou de refuge à une foule d'individus, de nationalité française ou non, qui estimaient avoir des raisons de quitter le continent. Parmi ces fuyards, le nombre d'israélites était de beaucoup prédominant.

Après l'afflux initial, le Département, d'accord avec le général NOGUÈS, a posé en principe que l'accès des juifs au Maroc ne serait toléré que pour autant que les intéressés ne s'y rendissent que pour un bref séjour dans l'attente de bâtiments à bord desquels ils prendraient passage pour l'Amérique. Il eût été particulièrement dangereux, en effet, de laisser s'accroître le pourcentage de l'élément hébraïque dans un pays où l'antisémitisme est toujours prêt à reprendre des formes violentes. Jointe à notre souci de maintenir l'ordre au Maroc, la sécurité des individus en cause nous commandait donc de veiller à ce que le flot ne se cristallisât pas sur place. Comme il y avait lieu de le craindre, les précautions à cette fin furent souvent déjouées par les circonstances.

Casablanca,
Serge Berdugo

Serge Berdugo est président du Conseil de la communauté israélite de Casablanca et secrétaire général du Conseil de la communauté israélite du Maroc. Il a été ministre du Commerce. J'ai pensé qu'il pouvait m'aider à retrouver des témoignages de Juifs marocains, peut-être des hommes et des femmes ayant fui la déportation vivent-ils aujourd'hui au Maroc ou en Israël. Beaucoup cherchaient à rejoindre le Maghreb en passant par la Mosquée. Des Juifs marocains sont devenus des dirigeants politiques israéliens importants. Je l'ai contacté neuf fois durant six mois. Son assistante est charmante et d'un bon accueil. Je sais qu'elle transmet les messages et les courriels. Je n'ai jamais eu de réponse. Dommage. Je suis sûr que son appui aurait été utile.

Je crois savoir que Serge Berdugo œuvre pour que Mohammed V soit reconnu comme Juste parmi les nations. Je pense que, de par son attitude, le roi, grand-père de l'actuel souverain, le mérite amplement. Il serait ainsi le premier Arabe à avoir ce statut.

Par son comportement durant la Seconde Guerre mondiale, Mohammed V fait la fierté des Marocains et de tous les Maghrébins qui n'ont jamais versé dans l'antisémitisme. On connaît la légende du roi de Danemark qui aurait porté l'étoile jaune durant l'Occupation — mais ce n'est qu'une légende. On connaît moins celle du roi du Maroc, celle-là corroborée par des faits. Alors sous protectorat français, le sultan a refusé que les Juifs de l'empire chérifien arborent l'étoile jaune comme en France et comme voulait le lui imposer le gouvernement de Vichy. À l'époque, il y avait 200 000 Juifs au Maroc, le résident général Noguès représentant de Vichy avait fait préparer 200 000 étoiles jaunes. Serge Berdugo a raconté que le sultan aurait alors répondu à Noguès qu'il lui fallait rajouter une cinquantaine d'étoiles jaunes : pour lui et les membres de sa famille. La phrase attribuée à Mohammed V qui revient le plus souvent lorsque l'on évoque les années d'Occupation au Maroc est : « Les Juifs marocains sont mes sujets, et comme tous les autres sujets, il est de mon devoir de les protéger. » Il est clair que le sultan du Maroc a fait preuve de résistance face aux nazis, au moins une résistance passive, en prenant par exemple tout son temps pour signer les décrets, et qu'il a protégé comme il a pu les Juifs de son royaume. Plus tard, de Gaulle l'a décoré de l'ordre des compagnons de la Libération. Il y a un superbe livre qui raconte tout cela, *Mohammed V et les Juifs du Maroc*, signé de l'historien Robert Assaraf. Des archives montrent à quel point cette attitude a agacé le résident général Noguès. Et Serge Berdugo le sait mieux que personne, il l'a expliqué : la communauté juive marocaine n'a pas été inquiétée grâce au rôle protecteur de Mohammed V. Bien sûr, il y eut des Marocains qui auraient bien profité du sort réservé aux Juifs pour récupérer des biens confisqués ou des maisons abandonnées ou un poste dans l'administration, mais, d'une manière générale, fait rare, les « sujets israélites » du Maroc ont été relativement préservés. Je crois que, sur ce point, Si Kaddour Benghabrit était sur la même longueur d'onde que son roi.

J'ai visité le Maroc, et notamment Essaouira que l'on appelait alors Mogador. Il y a toujours une présence juive. Et je dois avouer que j'étais agréablement surpris de voir qu'il existe à Casablanca un actif Musée du judaïsme. Une association de jeunes étudiants, la Mimouna, tente d'entretenir la flamme de la mémoire en participant à l'organisation d'un colloque sur l'Holocauste. Enfin, dans quel pays arabe ou du Moyen-Orient, peut-on voir que le conseiller du roi est un Juif ? Tel André Azoulay, qui réalise un travail remarquable auprès de Mohammed VI, le petit-fils de Mohammed V.

Alger, Archives nationales

J'espérais beaucoup de mon voyage en Algérie, mais en même temps je savais qu'il serait miraculeux de trouver quelque chose ici. Je venais en ayant à l'esprit cette phrase d'Albert Camus dans *Le premier homme* : « Les mairies d'Algérie n'ont pas d'archives. »

L'actuel recteur de la Mosquée de Paris m'avait dit, pour justifier le fait qu'il n'avait rien à me montrer à Paris, que « tout » serait sûrement en Algérie.

Je n'ai pas eu à chercher bien longtemps : le directeur de la Bibliothèque nationale d'Alger (BNA) m'explique rapidement qu'ils n'ont aucune archive qui touche de près ou de loin à la Grande Mosquée de Paris ou à Si Kaddour Benghabrit : « La BNA, me dit-il, ne recueille que ce qui s'est produit sur le sol d'Algérie. » Donc, rien concernant ce qui s'est déroulé en France.

L'auteur de *L'étranger* avait raison. Partout, à Alger, j'entends dire les difficultés à rassembler des éléments sur son passé : un si jeune pays amputé de sa si longue histoire. Quel gâchis ! Camus, lui-même, subit cette amnésie : je me suis rendu à l'endroit où il a habité avec sa mère. Aucune plaque ne marque son passage.

Il y a pire : rien ne semble être préservé, ici. Ni le passé ni l'avenir.

Et pourtant. Pourtant le lien entre les Juifs et l'Algérie saute encore aux yeux. Je le savais. Mais il y a comme une volonté invisible et obsédante d'effacer les traces. Ne pas en parler, se faire discret. Se taire au risque de susciter des problèmes. On me le dit clairement quand je révèle l'objet de ma démarche : « Vous savez, on se méfie toujours quand il y a une recherche sur les Juifs, ici. Souvent, on préfère ne pas donner suite. »

En moins de trois jours, je rencontre une jeune femme française dont la mère est juive algérienne —

« mais elle ne veut plus penser à sa vie d'avant, elle est en France, maintenant », me confie-t-elle. On me parle aussi d'une fille Rothschild qui aurait bénéficié de l'aide d'Algériens. Mais est-ce une légende ? Je regarde également un documentaire de Serge Lalou titré *Il était une fois des Juifs arabes* évoquant les années 20 et son grand-père juif qui était maire de Laghouat. Deux scènes m'ont particulièrement touché : celle où son grand-père apprend, par une lettre, qu'un de ses amis d'enfance musulman avait été son frère de lait ; et celle où Serge Lalou dit que, dans sa famille, deux livres sont transmis de génération en génération : une Thora en arabe et un Coran en hébreu.

***Oran*,**
Archives de la ville et du département

Après Alger, je me rends à Oran, c'est ma région natale, mais je la connais si peu.

À Oran, il existe encore des traces de cette union entre les Juifs et les Arabes. D'abord à la gare, c'est incroyable : on voit partout des étoiles de David. Aucun graffiti imbécile ne les recouvre, elles font partie du décor et d'une vieille histoire. Tout m'étonne : ces étoiles aux six branches, et le fait qu'elles ont l'air de se trouver en paix, ici.

Je suis impressionné par la gare d'Oran. Des mois après l'avoir quittée, étant rentré à Paris, je resterai marqué par ces étoiles de David qui ornaient les murs et les plafonds. J'avais pris des photos. Ces étoiles étaient visibles, contrairement aux Juifs qui devaient encore habiter la ville. On m'avait dit : « Ils préfèrent rester discrets. »

Ne connaissant pas bien la ville, je demande à un guide de m'aider. Comme dans certaines communes du Maroc et d'Algérie, je pose la question de l'existence d'un quartier juif — il y en a toujours un. Le guide m'emmène près de l'hôtel de ville, sur le boulevard Maata (beaucoup d'Oranais disent encore le boulevard Joffre), et me montre la grande mosquée Abdellah Ben Salem. Je suis un peu surpris, je ne suis pas un expert en architecture, mais elle ne ressemble pas vraiment à une mosquée classique. Quand je lui fais part de mon étonnement, le guide sourit, l'air un peu moqueur. Il me dit : « C'était une synagogue, avant ! »

Ainsi, cette grande synagogue d'Oran a été transformée en mosquée sans aucune retouche. Ça ne remonte pas à si longtemps — c'était en 1975. Je croyais que les lieux avaient une âme, un esprit. Qu'ils pouvaient être purs, ou impurs. Je suis étonné de voir le vendredi une foule de musulmans entrer dans cette synagogue… pardon, dans cette mosquée. Ainsi, les lieux n'auraient pas de mémoire. Une synagogue peut devenir une mosquée, et ça n'a l'air de gêner personne — alors que vous n'arriverez pas à faire manger un musulman dans une assiette déjà utilisée par un Juif. Et vice versa.

La légende dit que l'on aurait amené dans cette synagogue des pierres de Jérusalem. On y met les pieds, on prie, on espère. Des Juifs y ont prié, espéré… Puis, des musulmans y ont prié, espéré. Et pourquoi pas alors un lieu où pourraient se retrouver des Juifs et des musulmans ? Parfois les hommes me sidèrent.

À Alger aussi, des synagogues ont été transformées en mosquées.

Dans les documents retrouvés aux archives d'Oran, je lis des phrases qui surprendraient aujourd'hui, et je souris. Un exemple, déniché dans une sorte d'atlas de l'époque : « En 1938, la France compte 25 millions de sujets musulmans. » Ça me fait sourire, parce que les nostalgiques de l'ancien empire colonial n'y avaient pas pensé. « La France compte 25 millions de musulmans », la phrase effraierait certains aujourd'hui…

D'autres phrases disent l'époque, et la manière dont des populations étaient considérées. On parle de « l'extrême versatilité des indigènes ». Ces gens seraient trop sensibles à la sorcellerie, etc.

Je n'ai pas beaucoup de temps pour compulser toutes les archives susceptibles de m'intéresser. Quelques dossiers m'intriguent. « Troubles antisémites les 4 et 5 mai 1925, attitude de la police. » « Incidents entre Israélites et indigènes en 1934-1935. » « Troubles ayant un caractère antisémite : Mostaganem, Sidi Bel Abbes, Mascara, Tlemcen, 1934. » Dans un autre dossier, je vois qu'il existe une « Section de la naturalisation et des questions juives », en 1942.

Les archives d'Oran ressemblent étonnamment à celles que j'ai consultées à la police de Paris et à Fontainebleau : comme si la même machine à écrire avait été utilisée, et par le même fonctionnaire. C'est à cela aussi que l'on voit le sillon profond de la colonisation. J'avoue qu'une chose m'arrange : tout est écrit en français. Je n'ai pas besoin de faire traduire ces textes ni de recourir à un interprète, les employés des archives parlent remarquablement bien le français et, pour ceux qui ne le parlent pas bien, mon arabe dialectal suffit.

J'examine en détail un document daté du 1er août 1942, émanant de la préfecture d'Oran. C'est son titre, écrit en lettres capitales, qui m'a tapé dans l'œil : « BRUITS CIRCULANT AU SUJET DE LA COLLUSION ENTRE ISRAÉLITES ET CERTAINS MEMBRES DE LA DÉLÉGATION MARABOUTIQUE. » Une délégation maraboutique est un groupe de personnages religieux qui ne sont pas forcément des imams, mais le plus souvent des notables d'un village ayant effectué le pèlerinage à La Mecque.

Sourcé « bon informateur », ce document faisait état d'aides de ces musulmans qui se sont déplacés à Vichy pour plaider la cause des Juifs algériens, en échange de contreparties financières. Il est écrit : « On prétend que certains dirigeants ont reçu de l'argent de la part d'Israélites pour intervenir à Vichy en faveur des Juifs. Jusqu'ici on n'a pas cité de nom, mais on parle bien de 300 000 francs, les uns donnant ainsi la totalité du versement, d'autres certifient que cette somme a été remise à trois ou quatre délégués, ce qui ferait au total plus de 1 million de francs. »

On évoque les démarches de cheikh Ghalamallah pour Jacob Salama, ancien pharmacien à Tiaret.

C'est également son principal créancier qui lui aurait promis l'abandon d'une partie des hypothèques grevant sa propriété. Il est dit aussi que Joseph Belaïche a remis au nom de la communauté israélite 300 000 francs, « d'après le bruit le plus répandu », à M. Bendjamaa et aux cheikhs Kacimi Abdelkader et Zouani.

Dans le commerce, on peut aisément dépasser les clivages religieux.

Essaouira,
Hamza ben Driss Ottmani,
biographe de Kaddour Benghabrit

Comme dans le jeu des poupées russes, on lit un livre qui parle d'un autre livre qui fait référence à un autre, et ainsi de suite. C'est comme cela que je tombe sur une ligne au milieu de cinq cents pages. Cette ligne — ce n'est vraiment pas plus long — évoquait une biographie consacrée à Kaddour Benghabrit : la seule que j'aie trouvée. Je ne connais pas la maison d'édition dont le siège se trouve à Rabat, ni l'auteur, un Marocain du nom de Hamza ben Driss Ottmani, qui habite à Essaouira. Une notice le présente comme étant « économiste et ingénieur des grandes écoles françaises », il a écrit plusieurs ouvrages couronnés par des prix qui sont cités sur la quatrième de couverture. Je ne les ai pas lus, mais je me plonge dans sa biographie que je me suis procurée par Internet : elle est remarquable et fouillée, extrêmement bien documentée avec des témoignages inédits.

Le titre donne le ton bienveillant : *Kaddour Benghabrit : un Maghrébin hors du commun* et dresse le portrait d'une grande réussite. Mais cela n'empêche pas l'auteur d'aborder des points moins positifs. Je passe sur l'activité diplomatique avant même la création de la Grande Mosquée de Paris — elle est riche et j'ai lu ailleurs ce qu'il en était : l'homme par son intelligence, son érudition et la maîtrise de plusieurs langues, impressionnait. Son entregent était recherché. Ottmani décrit une carrière longue et brillante qui passe par l'Algérie, le Maroc, mais aussi par la Russie — dans les années 30, en plus de la direction de la Grande Mosquée de Paris, son titre officiel était « conseiller du gouvernement marocain, interprète général, chef du service de l'interprétariat général, de la chancellerie et du protocole ». Il a pris la direction de la Mosquée à l'âge de cinquante-huit ans. Il est devenu ministre plénipotentiaire. Un chapitre est également consacré à « l'homme des arts et lettres ». Benghabrit était musicien et participait à des festivals.

Quant à l'objet précis de ma propre recherche, j'y ai trouvé six ou sept pages essentielles — ce qui est beaucoup. Une phrase définissait bien Benghabrit pendant la Seconde Guerre mondiale : « Les louvoiements subtils avec l'occupant allaient alterner avec les affrontements feutrés avec ce même occupant », écrit Ottmani.

Anecdotique, mais intéressant : j'ai lu un poème signé Si Kaddour Benghabrit ; puis, d'après Ottmani, le directeur de la Mosquée de Paris aurait rencontré Sacha Guitry.

Dans son livre, Ottmani fait également référence à une autre personne qui aurait été sauvée par Benghabrit. Il ne m'a pas étonné que ce fût une pianiste. Elle s'appelle Georgette Astorg, son nom de jeune fille est Zerbib. Ce serait elle qui l'aurait sollicité. Après s'être renseigné, Si Kaddour aurait décidé de l'abriter au sein de la Mosquée pendant quelques jours, puis aurait facilité son transfert en zone libre, à Toulouse.

Neuilly-sur-Seine, **Sacem (Société des auteurs, compositeurs et éditeurs de musique)**

J'ai cherché partout où je pouvais espérer trouver la trace de Georgette Astorg. Sur Internet, il existe de nombreuses références sur sa musique. Les disques auxquels elle a participé se vendent encore. Cette pianiste a joué pour l'orchestre du théâtre des Champs-Élysées. Elle a fait partie de l'orchestre de Radio-France. J'ai appelé le service du personnel de la Maison de la Radio. Pas de piste de ce côté-là. Puis, je me suis dit qu'il pourrait quand même y avoir quelque chose du côté de la société de gestion des droits d'auteur, la Sacem. Je tombe sur une personne qui essaie réellement de m'aider. Il y a des indications qu'elle n'est pas autorisée à me communiquer, trop personnelles ou confidentielles, mais elle m'informe que la Sacem dispose d'une adresse fiscale. Peut-être est-ce celle de ses descendants ou de ses ayants droit. La personne me dit aussi qu'aujourd'hui, Georgette Astorg serait centenaire. Elle me conseille d'écrire une lettre à la Sacem qu'elle transmettra aux ayants droit. Ce que je fais rapidement.

En attendant, j'essaie les annuaires et, miracle, je tombe sur la seule Georgette Astorg répertoriée en France, dans un village du Lot. Je téléphone : c'est une vieille dame qui me répond — dans l'instant, je sens mon cœur battre plus fort. Mais la vieille dame est revêche. À peine ai-je expliqué l'objet de mon appel qu'elle me raccroche au nez en me disant « Ça ne m'intéresse pas ! ». Je tente à nouveau le lendemain. Même attitude de sa part. J'ai le sentiment d'être cet employé qui appelle pour effectuer un sondage ou pour vendre un abonnement téléphonique et qui se fait rembarrer. La poisse. Une autre tentative, en commençant par « Je vous en supplie, ne me raccrochez pas au nez ». Elle me raccroche au nez. Je suis du genre gentil obstiné, je demande à une amie d'appeler en pensant qu'une voix féminine sera peut-être plus rassurante. Elle lui raccroche au nez aussi. Mais je n'abdique pas, je veux savoir si cette dame a un rapport avec « ma » Georgette Astorg. L'idée me vient d'appeler la mairie du village — quelqu'un doit bien la connaître. Au bout de trois coups de fil, je réussis à avoir un renseignement : la vieille dame revêche a quatre-vingt-six ans — trop jeune par rapport à la musicienne. C'est une agricultrice à la retraite qui n'a jamais fait de piano de sa vie.

Voilà un exemple parmi d'autres, nombreux, d'une piste qui ne mène nulle part. Combien de fois suis-je rentré bredouille d'une quête ? Je préfère ne pas compter : j'ai passé tant de temps à ne pas trouver…

J'attends toujours une hypothétique réponse suite à ma lettre envoyée à la Sacem. Mes premiers mots étaient : « C'est un peu une bouteille que j'envoie à la mer… »

5

C'est la complexité d'un homme qui m'intéresse. Je ne suis pas en quête d'un héros, je ne prends pas de plaisir à parler d'un salaud. Je ne veux pas me contenter de décrire une époque où se seraient trouvés d'un côté les bons, et de l'autre les méchants. Je préfère écrire des pages grises — là où se niche la vérité d'un homme. Avec la richesse et la complexité d'une personnalité telle que Si Kaddour Benghabrit, j'ai été servi au-delà de mes vœux.

Si l'on essaie de brosser son portrait on trouvera des pages lumineuses. Et des zones d'ombre, pourquoi les cacher ? Certains pans de son personnage m'ont aussi fait sourire, alors que d'autres personnes ne les auraient pas jugés drôles — tout dépend où l'on place le curseur de la morale. Je me suis procuré son ouvrage *Abou-Nouas ou L'art de se tirer d'affaire* (1930), via un site Internet de vente de livres anciens. Il était relativement cher, un tirage limité illustré de sept miniatures de Terzian. Me voilà en possession de l'exemplaire N° 410, dédicacé à un certain « M. Gotteland, directeur de l'Instruction publique du Maroc. En toute sympathie ». Avec les deux signatures officielles de l'auteur, une en français, l'autre en arabe. *Abou-Nouas* est une sorte de fable malicieuse qui m'a bien amusé. Mais surtout, j'ai pensé que ce livre en disait plus long sur l'homme et sur sa vision du monde que tous les discours bien tournés. N'empêche ! Qu'est-ce que ce livre est roublard ! Et si espiègle, avec ses illustrations à la limite de la pornographie qu'aujourd'hui encore un journal hésiterait à publier, sauf, peut-être, *Hara-Kiri*.

À côté de ce livre licencieux, j'ai découvert un autre de ses textes : il a signé la préface à une *Vie de Mahomet*, un ouvrage sur le prophète des musulmans… Il a également écrit des pièces de théâtre, dont certaines étaient jouées. L'une d'elles est titrée *La polygamie sentimentale*…

Visiblement, Si Kaddour aimait la musique et le théâtre, les femmes et les fêtes. J'ai cru comprendre qu'il aimait le vin et le champagne. En tout cas, il n'en privait pas ses invités — c'est pour moi un geste de générosité. C'est sûr, pour certains, il était loin de l'image d'un saint.

Un Juste est-il forcément un saint ? J'eus souvent cette discussion avec une amie, qui me soutenait qu'un homme est fait d'un bloc. Elle n'en démordait pas : on ne peut pas être un Juste et avoir eu un comportement de salaud. Elle ne faisait pas seulement allusion à la période de l'Occupation, elle parlait aussi des amours extraconjugales. Pour ma part, je restais plus dubitatif. Si on poussait l'investigation sur les 23 000 Justes parmi les nations recensés par Yad Vashem, seraient-ils tous des saints ? Non, bien sûr. Et, après tout, quelle importance ?… Je ne sais pas si c'est vrai, mais j'ai lu que Si Kaddour Benghabrit n'aurait pas été déclaré Juste à cause de ses zones d'ombre.

J'avais compris une chose — à force de « vivre » avec un fantôme, on finit par bien le connaître, en tout cas, un peu mieux —, j'ai compris que Si Kaddour pouvait prendre de grands risques pour une personne dont il estimait les qualités, peu importait sa religion. Il aimait les artistes et, pour eux, il était prêt à user de son influence et de ses moyens. Je pense qu'il a également pris des risques pour des femmes qu'il appréciait. J'en suis sûr.

Paris XVIIe,
Chez Philippe Bouvard

Dans l'une des chroniques du célèbre humoriste, j'avais lu une phrase où il faisait référence au fondateur de la Grande Mosquée de Paris. Il avait écrit : « J'ai bien connu Si Kaddour Benghabrit. » J'en fus étonné et j'ai demandé à le rencontrer. Sait-on jamais ? Philippe Bouvard a accepté très vite. J'ai eu l'impression qu'il était heureux de pouvoir en parler.

Je me rends chez lui, dans le XVIIe, en fin de soirée. L'entrée de l'immeuble ne paye pas de mine, mais pour accéder à son logement, il faut passer par là, prendre une cour et traverser un jardin : on découvre alors un hôtel particulier aux couleurs de villa provençale..

Philippe Bouvard est tout de noir vêtu. Malgré

son regard espiègle — sa marque de fabrique —, il me semble qu'il est un peu fatigué. Il a tout de même quatre-vingt-deux ans. Je n'ai pratiquement posé qu'une seule question — comment avait-il connu le fondateur de la Grande Mosquée de Paris ? Et tout s'est enchaîné.

« Ma mère était une jolie femme cultivée. Je crois qu'elle avait rencontré Si Kaddour chez des amis. Ils sont devenus proches car elle se rendait régulièrement à la Mosquée, et j'y allais avec elle. C'était durant les années 1942-1943, j'avais douze ou treize ans. Elle s'appelait Andrée Gensburger. Elle était juive. Mon père biologique l'avait abandonnée alors qu'elle se trouvait à la maternité. Je n'ai vu cet homme qu'une fois dans ma vie : une heure. Je dois tout à mon père adoptif : Jules Luzzato. Lui aussi était juif, petit-fils de rabbin. Il était tailleur pour hommes, rue du Faubourg-Montmartre. Il fabriquait des costumes pour le sultan du Maroc — la gloire de l'atelier. Maintenant que vous me dites que Si Kaddour était très proche du sultan du Maroc, je comprends mieux le lien entre ma mère, mon père et la Mosquée de Paris.

« Il y a un épisode que je ne peux oublier. Mon père s'était engagé dans une filière de résistants, il donnait des costumes civils à des déserteurs allemands. Un jour, la Wehrmacht a repris l'un de ces déserteurs qui a donné son nom. Mon père a été interné à la Santé. Je crois que c'était durant l'année 42. Ma mère est allée solliciter Si Kaddour, il avait une réputation d'homme de cœur et d'influence. Il était de ces rares personnes qui, de par sa position et sa stature, pouvaient parler aux Allemands tout en paraissant neutre. Ma mère lui a raconté ses malheurs. Quinze jours après, mon père a été libéré. J'avais complètement occulté cet épisode, c'est lorsque j'ai vu une photo de Si Kaddour que j'ai eu le déclic, ce qui était complètement enfoui en moi a soudain ressurgi. Je ne l'ai jamais raconté. »

Si Jules Luzzato a pu échapper aux griffes de la Gestapo, ses parents ont eu moins de chance. Bouvard m'apprend qu'ils ont été déportés, et qu'ils ne sont jamais revenus.

« Avec ma mère, ajoutait-il, on se cachait, on a peut-être changé une dizaine de fois de domicile. Non, je ne me souviens pas que nous nous soyons cachés à la Mosquée. Mais j'y allais souvent, tout m'y semblait exotique, c'était, pour moi, le grand dépaysement en prenant simplement le métro jusqu'à Jussieu.

« Je pense que ce qui rapprochait ma mère et Si Kaddour, c'était la littérature, la culture et la musique. Son salon était très vivant. On l'appelait simplement Si Kaddour, et je croyais que c'était familier. J'ai le souvenir d'un homme habillé toujours en gandoura dont le visage était encadré par un turban. Je ne l'ai jamais vu en costume occidental. Je n'imaginais pas tout ce qu'il représentait, je pensais que c'était un dignitaire religieux, c'est tout. »

Je suis un peu ému face à Philippe Bouvard. Je vois dans les yeux de cet homme, dont le rire est le métier, un trouble et de l'étonnement à l'évocation de ses souvenirs qui reviennent, de plus en plus précisément. Il me semble qu'il commence à en être gêné, alors je n'ose plus lui poser de questions. Je pourrais le relancer pour recueillir davantage d'anecdotes, mais je sens que cela le perturbe. Peut-être lui demanderai-je une autre fois. J'ai tout de même là le sentiment d'avoir découvert une facette peu connue de ce personnage public. Philippe Bouvard est donc le fils d'une mère juive. Son père, celui qui l'a élevé, celui qui a tant compté pour lui, était juif aussi.

En quittant son domicile, je m'aperçois que j'ai oublié de lui demander ce que sont devenus sa mère et son père adoptif.

De retour chez moi, je me presse d'écrire le compte-rendu de notre discussion et je constate que, malgré le peu de notes que j'ai prises, je ne rencontre aucune difficulté à retranscrire pratiquement mot pour mot son récit. À la fin de notre conversation, c'est d'ailleurs plutôt lui qui posait des questions. Je voyais qu'il était heureux d'apprendre que Benghabrit était un homme festif, qui écrivait des pièces de théâtre subversives. L'animateur des *Grosses Têtes* riait, il se retrouvait dans son élément.

Dire que cet homme a écrit une quarantaine d'ouvrages, dont un certain nombre sont autobiographiques, et qu'il n'avait jamais fait référence à cet épisode de sa vie… Je sais qu'après cette rencontre Philippe Bouvard a continué d'en parler, notamment dans des journaux destinés à la communauté juive, comme pour se délivrer d'un passé occulté et soudain ressurgi. Également comme s'il dévoilait sa judéité ; non qu'il l'ait dissimulée jusqu'alors, mais sans doute n'éprouvait-il pas le besoin de l'afficher.

J'habite tout près du faubourg Montmartre. Par

curiosité, je me suis rendu au numéro 53, là où travaillait le père adoptif de Philippe Bouvard, pour voir si l'immeuble avait beaucoup changé. Ce numéro se trouve tout juste à l'angle de la rue La Fayette, et il y a un café où je vais de temps à autre déjeuner. Évidemment, je n'y avais jamais prêté attention. Quel étonnement : à l'entrée, il reste encore deux plaques datant des années 20, comme si ces professionnels étaient toujours en activité ! Un chirurgien-dentiste : Martial Attané, au deuxième étage, « JUSTE AU-DESSUS DE L'ENTRESOL ». Peut-être le père de Bouvard exerçait-il dans cet entresol généralement réservé aux artisans ? Le numéro de téléphone indiqué pour les rendez-vous me fait sourire : « TRUDAINE : 48 38 ». À quoi correspondrait-il aujourd'hui ? Il y a eu tant d'évolutions depuis.

La deuxième plaque concerne une agence de détectives, « LEX POLICINDUSTRIE », « MAISON FONDÉE EN 1926 », « VOLS ENQUÊTES SURVEILLANCES PREUVES LOYAUTÉ », et le téléphone « TRU. 32 82 ».

Il faudrait que j'en parle à Philippe Bouvard pour savoir s'il s'en souvient.

Paris IVe,
Mémorial de la Shoah

J'ai ensuite essayé de retrouver la trace de Jules Luzzato en appelant la prison de la Santé, mais personne ne pouvait me dire s'il existait d'éventuelles archives ni où. On m'a fait comprendre que c'était mission impossible. Alors, je suis retourné au Mémorial de la Shoah, j'ai tapé sur l'ordinateur le nom « Luzzato » pour voir s'il y figurait et ce qu'il serait advenu de lui ou des parents du père adoptif de Philippe Bouvard. Deux fiches sont apparues comme autant d'uppercuts.

> Sigismond LUZZATO né(e) le 01/06/1873 à WIEN. Déporté à Auschwitz par le convoi n° 77 au départ de Drancy le 31-07-1944. Habitait au 53, rue du fg Montmartre dans le 9e arrondissement à PARIS (France). Est inscrit sur le Mur des Noms.
>
> Mme Fanny Marthe LUZZATO née le 17-12-1882 à DAMBACH. Déportée à Auschwitz par le convoi n° 77 au départ de Drancy le 31-07-1944. Habitait au 53, rue du fg Montmartre dans le 9e arrondissement à PARIS (France). Est inscrite sur le Mur des Noms.

Je ne voulais pas livrer ces informations sans savoir si Philippe Bouvard les connaissait. Lorsque je lui en ai fait part, il a semblé très touché par mon enquête, véritablement ému. Il se souvenait très bien des deux plaques retrouvées à son ancienne adresse. Il m'a appris plus tard que Jules Luzzato était décédé en 1974 et Andrée Gensburger en 1984.

Paris Ve,
Commissariat de police,
service de la mémoire et des archives,
Archives des Renseignements généraux

J'ai la conviction que Kaddour Benghabrit était prêt à prendre tous les risques — des risques calculés, mais des risques tout de même — à partir du moment où il s'agissait d'aider un artiste. C'était le cas de Salim Halali. Mais j'ai découvert qu'il avait aussi pu protéger un artiste soupçonné d'avoir collaboré. J'en ai eu la confirmation avec ce document retrouvé aux archives des Renseignements généraux qui concerne un certain Mohamed Iguerbouchen, dit Georges Bouchen, compositeur de musique. Il date du 23 mai 1946 et est adressé au directeur des RG. Le dossier est établi par la 2e section, et il est souligné que cette note est rédigée « sur une affaire dont la poursuite s'avère très délicate ». Voilà ce qui est indiqué : « Il y a quelque temps, il a été remis au service une série de photographies et une correspondance paraissant établir qu'un nommé IGUERBOUCHEN Mohamed, qui avait entretenu des relations amicales avec les Allemands sous l'Occupation, avait bénéficié, lors de la Libération, de la protection d'un haut fonctionnaire. Les photographies versées au dossier sont particulièrement intéressantes. Elles ont été prises au cours de diverses manifestations auxquelles participaient des officiers supérieurs allemands, IGUERBOUCHEN ainsi que SI KADDOUR BEN GHABRIT, ministre plénipotentiaire, chef du protocole de Sa Majesté chérifienne. »

Ensuite, le document fait état de sondages effectués discrètement sur cette affaire : ils confirment les présomptions de faits de collaboration de Mohamed Iguerbouchen avec les Allemands et, peut-être plus grave, ils font état d'interventions en sa faveur.

Le commentaire de l'officier de police est sans appel : « Dans toute autre affaire, la suite normale à donner serait d'entendre le principal intéressé, mais dans le cas présent l'audition d'IGUERBOUCHEN Mohamed est susceptible d'avoir des répercussions d'un caractère très délicat : c'est la raison pour laquelle de nouvelles instructions sont nécessaires. »

Mohamed Iguerbouchen s'en sortira — il mourra en août 1966 des suites d'un diabète après une immense carrière de musicien. Benghabrit n'aura pas de soucis non plus sur cette affaire-là. Pourquoi a-t-il pris un tel risque ? Simplement parce que Mohamed Iguerbouchen est un mélodiste hors pair, un ami qui deviendra un artiste mondialement reconnu. Le musicien a fait le tour du monde grâce à ses talents de compositeur. En 1942, il a trente-cinq ans et sa carrière est à son apogée. Difficile de résumer un tel parcours. On le connaît pour avoir été l'un des deux compositeurs de la musique du film de Julien Duvivier *Pépé le Moko*, il était associé à Vincent Scotto. C'était un Kabyle.

Pour des hommes ou des femmes dont la carrière est en train de prendre les contours de leur rêve — je pense à lui, mais aussi à Salim Halali —, la guerre représente une double peine : les souffrances que connaît tout un chacun, et la passion brisée dans son élan. Ils n'ont que faire de ces conflits qu'ils ne comprennent pas, allant parfois jusqu'à feindre de les ignorer. L'art rend aveugle. Halali ne pouvait pas songer un seul instant que sa judéité, alors qu'il ne s'était jamais montré un pratiquant irréprochable, l'empêcherait d'exercer sa musique, de chanter dans les cabarets, de s'amuser et de jouir de l'existence, de cette vie libre qu'il a tant espérée, tant désirée. Dans un autre registre, Oro Tardieu pensait de même.

Et moi, je me disais, en lisant leur histoire, en tentant de la retranscrire, qu'aurais-je fait en temps de guerre ? Les films continuaient de sortir. Des tournages se déroulaient malgré tout. Même s'il y avait des pénuries de papier, les livres étaient publiés. L'un des romans qui m'ont le plus marqué est paru en 1942 : Albert Camus se faisait alors connaître avec *L'étranger*. Au théâtre aussi, on continuait de jouer.

Qu'aurais-je fait, sinon de tenter de vivre ?

Pour Mohamed Iguerbouchen, la guerre ne pouvait être qu'un sale contretemps, elle ne devait pas être autre chose. Pour son malheur aussi, l'Allemagne et l'Autriche sont des pays de l'excellence musicale. Au début des années 20, il se trouve à Vienne — il a à peine dix-huit ans —, pour rencontrer les maîtres du genre. Quelques années auparavant, il a intégré l'Académie royale de musique de Londres.

Il amasse des récompenses : premier prix d'instrumentation et de piano, premier prix de composition d'harmonie… Un virtuose.

Dans les années 30, c'est déjà un compositeur à succès.

Ce n'est pas un hasard : il va croiser Salim Halali. Paris, 1938. De cette rencontre naîtront une cinquantaine de chansons, parmi les plus populaires, les plus belles et les plus fortes de Salim. Des créations nées de l'union entre un Juif qui aura à se cacher et un musulman collaborateur.

Que peuvent faire ici les questions de religion ? Il y a un Juif qui se fout bien d'être juif, il y a un musulman qui n'affiche pas sa croyance tous les jours. Et il y a la musique, par-dessus tout. Le destin les a bénis d'un don, la voix d'or et le mélodiste de génie — bien sûr, ils ne comptent pas leurs heures de travail.

Est-ce une légende ? On peut trouver dans la notice Wikipédia de l'artiste une anecdote qui n'est pas sourcée selon laquelle, un jour de 1938, alors que le compositeur est invité par la BBC pour diriger une symphonie, le public a été tellement séduit et tellement admiratif qu'il a pensé que cet Iguerbouchen était un Russe nommé Igor Bouchen…

Sa notoriété lui valut de travailler pour la prestigieuse firme américaine au lion rugissant, la MGM (Metro Goldwyn Mayer).

Il a bien connu Camus. Une amitié algérienne.

En 1940, il prend la direction musicale de Paris Mondial. Il a dû composer avec les autorités allemandes, d'où, sans doute, ce document des Renseignements généraux resté confidentiel.

Il est mort en 1966, à cinquante-neuf ans, emportant avec lui la conviction qu'il n'avait rien fait de mal durant cette satanée guerre.

Paris Ve, Grande Mosquée de Paris,
Rencontre avec Dalil Boubakeur, recteur

Je réussis à décrocher le sésame : une « audience » avec le recteur de la Grande Mosquée de Paris. C'est en lui faisant comprendre combien son propre point de vue était important dans cette enquête que je l'ai convaincu de me parler.

Je l'ai rencontré à trois reprises, dont une fois chez lui. Dès le début, je lui ai expliqué l'objet de ma recherche : tenter de savoir ce qui s'est passé à la mosquée durant l'Occupation. Son témoignage était incontournable : le docteur Dalil Boubakeur est la personne vivante qui connaît le mieux l'édifice religieux. Non seulement, il le dirige depuis 1992, mais son père, après un intérim, a succédé à Si Kaddour Benghabrit et fut directeur de la Grande Mosquée de Paris pendant un quart de siècle, de 1957 à 1982.

Je retransmets ici les échanges que j'ai eus avec lui dans son bureau à la Mosquée de Paris et chez lui où il m'a convié.

Lors de ma deuxième rencontre avec Dalil, je me rends compte que je suis dans le bureau qu'avait occupé durant vingt-huit ans, entre 1926 et 1954, Si Kaddour Benghabrit. D'habitude, je suis sensible à l'esprit des lieux, je ressens quelque chose, un bien-être ou un malaise. Là, cette fois, rien. Je n'arrive pas à effectuer mentalement le lien entre le passé et ce bureau aujourd'hui, comme si toute trace avait été effacée : on ne ressent rien, absolument rien.

Dalil Boubakeur me parle longuement de son père, Hamza. Selon lui, c'était un grand héros, son père a été un résistant, mais aussi un grand intellectuel qui a traduit le Coran.

Ce que je sais, c'est que son père a contribué activement à resserrer les liens entre les Juifs et les musulmans. Ça, on ne peut pas le nier. Le fils, Dalil Boubakeur, a continué dans cette voie. C'était d'autant plus courageux qu'il l'a payé cher auprès de musulmans et d'Arabes qui le lui ont reproché avec violence, amalgamant cette position avec un soutien à Israël. Cette position lui a valu un certain nombre d'insultes.

Dans l'enceinte de la Mosquée, une plaque placée discrètement (je me demande si ce n'est pas la seule qui existe) commémore la création de la Fraternité d'Abraham, une association cofondée par son père, avec André Chouraqui, le révérend père Riquet et Jacques Nantet. Son but est de permettre un dialogue entre les trois religions monothéistes.

Son père et lui se sont également rendus rue Copernic au moment de l'attentat du 3 octobre 1980, à la synagogue, un soir de shabbat. Ils se sont déplacés en signe de solidarité avec les Juifs — quatre personnes assassinées et près d'une cinquantaine de blessés. Cette attitude noble fut dénoncée par des Arabes antisémites. Dalil et Hamza Boubakeur ont eu droit à toutes les insultes : « traîtres », « agents du Mossad », mais aussi et tout simplement « Juifs », comme si c'était l'insulte suprême.

C'est une constante. Une autre fois, une dizaine d'années après, lors d'une intervention télévisée de Dalil Boubakeur dans le journal de France 2, une erreur s'est glissée dans son prénom : sur l'écran, Dalil avait été orthographié David. Cette faute a fait le bonheur de ses détracteurs, elle prouvait, selon ces énergumènes, que Boubakeur était un « sioniste ». La vidéo circule encore sur Internet.

De son père, Dalil Boubakeur me dit : « J'admirais son érudition. » De lui-même, il me confie qu'il aurait préféré continuer sa carrière brillante de médecin à la faculté de médecine et dans les hôpitaux de Paris. Il m'explique aussi qu'il était doué en musique. Mais les circonstances — il fallait aider son père —, l'ont amené à diriger la Mosquée et il s'est découvert des talents de chef et d'organisateur, impressionnant ainsi son père.

Il me raconte une anecdote, marquante pour lui, selon laquelle il mit fin, de manière diplomatique, à un conflit avec des personnes venues occuper la salle de prière de la mosquée.

Je lui demande s'il existe bien des sous-sols et des caves qui auraient pu abriter des Juifs, ainsi que le raconte Albert Assouline. Après tout, c'est Dalil Boubakeur qui connaît le mieux les moindres recoins de la Mosquée, tous ses petits secrets architecturaux — ça fait plus d'un demi-siècle qu'il arpente ces lieux. Il me répond : « Il y a bien des caves ! Mais pas de sous-sols censés communiquer avec la Bièvre ! Quand je suis arrivé, j'ai bien trouvé un panneau sur lequel était indiqué le mot "Abri", une protection dans les sous-sols en cas de bombardements de Paris par les avions alliés. La confusion vient peut-être de là… C'était un refuge réquisitionné pour la population du quartier pendant l'Occupation, mais impossible d'abriter là-dessous 1 700 personnes. »

Je remarque, et ce sera le cas chaque fois que je rechercherai une information sur le personnel de la Mosquée de Paris, qu'aucune sorte de registre n'a été tenue. En tout cas, il n'en existe à ce jour aucune trace. Même le nombre d'imams — sans parler de leur nom — est impossible à connaître. Certaines personnes sont nées au sein même de la mosquée, d'autres s'y sont mariées. Aucun papier. Aucune trace. « Ici, on ne trouve rien, me dit l'un des responsables administratifs de la Mosquée. Beaucoup de documents ont été perdus avec les changements de personnels. »

Vers la fin de la conversation, on parle de choses et d'autres. Dalil Boubakeur répond à toutes mes questions.

Sur le plan politique, quel était le statut de la Mosquée ?

Il faut que vous sachiez : la Mosquée de Paris était, en quelque sorte, une annexe du Quai d'Orsay. C'est normal, c'était une mosquée coloniale qui servait les intérêts des colonies françaises. La Mosquée de Paris a passé un très mauvais moment pendant la Seconde Guerre mondiale. Elle a été proche du gouvernement français de l'époque : c'est la France qui subvenait aux besoins de la Mosquée. Pourquoi croyez-vous que Paul Valroff était le secrétaire de Kaddour Benghabrit ? Parce que Benghabrit était suspecté d'être très dépensier — il avait un train de vie très important, on lui a alors imposé Paul Valroff pour réguler les dépenses. Valroff, c'était un financier. Benghabrit vivait dans un hôtel particulier. Oui, un hôtel particulier de trois étages dans la Mosquée. Moi, je n'ai jamais voulu y vivre.

Même s'il a reçu des officiers allemands, on ne peut pas dire que Benghabrit était un collaborateur…

Kaddour Benghabrit avait toujours un conseiller qui l'invitait à la modération dans ses comportements : pas d'amitiés avec les Allemands. Avec sa prudence légendaire, il n'a pas commis d'acte de collaboration ostentatoire. Il a même réussi à récupérer l'hôpital franco-musulman de Bobigny réquisitionné par les Allemands. Pour cela, le prince Ratibor a été reçu à l'hôpital. Je me demande s'il n'avait pas imaginé de faire venir le Führer à la Mosquée.

Quand votre père a été nommé directeur de la Grande Mosquée de Paris après quelques turbulences, vous aviez dix-sept ans : dans quel état avez-vous trouvé les lieux ?

Quand nous sommes arrivés, nous avons découvert dans ses relations beaucoup de femmes du monde. Kaddour Benghabrit aimait beaucoup recevoir dans les salons, il menait une vie très sociale. Il suffit de lire son livre *Abous-Nouas*, il y est beaucoup question de grivoiserie.

Selon vous, quel genre d'homme était-il ?

Si Kaddour Benghabrit était mondain, très mondain, il symbolisait la France coloniale. Ce n'était pas un homme spirituel, mais un homme d'esprit. On recourait à lui parce qu'il parlait un français académique, il avait un langage châtié. À l'époque, la Mosquée a voulu briller parmi les lumières de la capitale, avec ses réceptions, son esprit mondain, il a séduit beaucoup de monde. C'est avec Si Hamza Boubakeur qu'une nouvelle ère s'est ouverte.

J'ai discuté avec le chauffeur de Si Kaddour Benghabrit. Selon lui, il passait son temps dans des fêtes… Même pour l'islam d'aujourd'hui, ce serait mal vu, c'était une existence très libre. Dans son livre *Abous-Nouas, ou L'art de se tirer d'affaire,* il rapporte que ce célèbre poète arabe faisait l'éloge du vin… On a trouvé de nombreuses traces de ses soirées parisiennes. La Mosquée était un palais des *Mille et Une Nuits.* C'était une période décadente, conforme à l'époque, les Années folles…

Si Kaddour était très entouré et souvent sollicité par de nombreux admirateurs et admiratrices.

Ici, c'était une annexe des salons du XVIe arrondissement, il y aurait eu de belles soirées mondaines. Tout le monde circulait ici, des hommes et des femmes de théâtre, des écrivains, des artistes… Pour épater ses hôtes, Si Kaddour usait de tous les moyens. Il jouait au grand seigneur. Il voulait briller.

C'était assez éloigné de la rigueur religieuse. Il faisait de la politique et jouait un rôle de ministre de Sa Majesté du Maroc chargé du protocole. Son histoire a commencé à Alger dans le pays où il est né et a fait ses études.

[Dalil Boubakeur me fait alors un long descriptif du parcours de Benghabrit dont il connaît bien la biographie.]

Que pensez-vous de cette histoire de Juifs sauvés par la Mosquée ?

C'est une légende qui a été beaucoup fantasmée.

Pendant l'Occupation, la troupe allemande était à la Mosquée comme chez elle. Je ne vois pas comment on aurait pu sauver des Juifs dans ces conditions-là. Benghabrit était l'objet d'une surveillance stricte.

D'où viendrait cette légende ?

La Mosquée était très surveillée. L'administration de la Mosquée sous la coupe du gouvernement de Vichy n'était pas à même de troubler l'ordre établi ni de se dérober aux inquisitions du commissariat général aux questions juives. Il n'était pas question d'accueillir des Juifs, même dans la détresse. Peut-être que certains membres du personnel de la Mosquée accordaient discrètement des faux certificats de conversion afin de sauver des Juifs. Je pense que les fausses attestations étaient établies selon les circonstances. Les nécessités de la clandestinité s'imposaient.

Pensez-vous tout de même que certains Juifs aient pu être sauvés par le personnel de la Grande Mosquée de Paris ?

Des imams, ici, comme Mohamed Benzouaou, étaient sollicités par certains Juifs d'Afrique du Nord qui avaient des noms à consonance arabe, les Hadjad, Nakache, Bouchara… Ils possédaient une origine commune — l'Andalousie —, parlaient arabe, avaient parfois des noms arabes. Et le rite commun de la circoncision.

Quelles pouvaient être les motivations du personnel de la Mosquée qui donnait ces fausses attestations aux Juifs ?

Le personnel de la Mosquée de Paris comprenait beaucoup d'hommes compatissants et sincèrement touchés par la situation faite à leurs frères juifs.

Pourquoi, dans ce cas, le fondateur de la Mosquée de Paris, ou la Mosquée de Paris même, n'ont-ils pas été reconnus comme Justes parmi les nations ?

J'ai réuni une commission en 2004-2005 autour de Mme Martine Bernheim, déléguée de la LICRA. On a contacté le comité Yad Vashem à Paris. Nous avons rencontré les dirigeants de ce comité qui nous ont dit qu'on ne peut pas reconnaître une institution telle que la Grande Mosquée de Paris comme Juste parmi les nations faute d'avoir trouvé des lettres, de documents de l'époque ou des remerciements ultérieurs.

Que pensez-vous d'Albert Assouline ?

Un brave homme au cœur très généreux, très imaginatif, qui vouait une grande estime à l'imam Mohamed Benzouaou qu'il avait sans doute connu durant l'Occupation.

Paris VIIe,
Musée des égouts de Paris

Je prends un plan de Paris, et je regarde si la Grande Mosquée de Paris se situe si près que cela des bords de la Seine. Elle se trouve à moins de 700 mètres du quai Saint-Bernard, là où passe la Bièvre, petite rivière qui, depuis le début du XXe siècle, a été recouverte sur sa partie parisienne. J'appelle le Musée des égouts de Paris pour savoir s'il existe un plan et si, par les sous-sols, on peut aller de la Mosquée au quai Saint-Bernard. Pour des raisons de sécurité, on ne souhaite pas me répondre.

Le lendemain, je tente à nouveau d'avoir cette information. M'y prenant de façon différente, j'arrive à convaincre un employé en lui expliquant simplement l'objet de ma recherche. On m'affirme que chaque rue possède son égout, et que les égouts communiquent effectivement entre eux. « On peut traverser tout Paris, sous Paris. Le réseau d'égouts est comme un chevelu hydrographique souterrain », me dit-on. Il me faut quelques instants pour comprendre l'expression. J'apprends que le Paris souterrain est fort de 2 450 kilomètres d'égouts. Il n'y a que deux rues entre la Mosquée et le quai Saint-Bernard : la rue Geoffroy-Saint-Hilaire et la rue Cuvier qui contournent le Jardin des Plantes.

On voit bien que cette histoire de sous-sols évoqués dans le documentaire de Derri Berkani est plausible.

Nice,
Alain-Yves Nicoulaud, retraité

Dans un forum de discussion sur Internet qui parlait de Si Kaddour Benghabrit, j'ai glissé un message pour celles et ceux qui souhaitaient apporter des témoignages. Alain-Yves Nicoulaud m'a laissé son numéro de téléphone. Je l'ai appelé. Il éprouvait le désir de raconter.

« J'ai bien fait de vous répondre, parce que j'ai tout de suite compris la philosophie de votre démarche, vous voulez faire ressortir la lumière. C'est dommage, il y a quatorze ans, j'ai divorcé et des documents sont restés chez ma femme, il y avait beaucoup de choses.

« J'ai vu Si Kaddour Benghabrit en 1943, je suis né en 1938. Je me rappelle, il était toujours habillé en blanc, ça m'avait impressionné de le voir toujours en blanc. Je l'ai vu avec ma grand-mère à Vichy. Si Kaddour se rendait à l'adresse de Mony Sinaï, qui était amie de ma grand-mère. Essayez de la retrouver avec son nom, je ne sais pas si c'est son nom de jeune fille ou son nom d'épouse. J'ai une assez bonne mémoire, quand quelque chose m'intéresse, c'est gravé. Je pense que vous pouvez trouver du côté de Mony Sinaï, elle m'avait acheté des billes en terre, pas des agates. La bille avait roulé dans le caniveau. Mony Sinaï était une belle femme, grande et mince. Je me demande aujourd'hui si avec Si Kaddour il n'y avait pas une relation plus qu'amicale. Si Kaddour et ma grand-mère étaient très liés. Mon grand-père a été muté au Maroc et ma grand-mère l'a suivi.

« Si Kaddour était un homme d'une grande délicatesse, quelqu'un de très bien, il était ouvert, ce musulman était le parrain de ma mère qui était catholique. Cet homme m'a marqué, ma grand-mère l'adorait. À l'époque, je ne connaissais pas la valeur de cet homme. Il m'a ouvert l'esprit, avec lui j'ai essayé de comprendre pourquoi les gens se battaient. Je suis toujours resté avec ce point d'interrogation. Et je suis toujours en train de creuser, creuser. Ça me minait un peu la mémoire, toute cette histoire. »

À ce moment de la conversation, Alain-Yves Nicoulaud s'est mis à pleurer. J'ai attendu. Puis il a poursuivi son récit.

« J'ai eu une période algérienne. Mais ça, c'est une autre histoire. Quand j'étais à Rennes, en 1968, j'avais trente ans, j'ai rencontré un Algérien d'Alger. On a beaucoup discuté. »

Je le laisse parler parce que je sens qu'il en éprouve fortement le désir. Quand je le peux, je tente une question pour revenir à l'objet de ma recherche. Il me répond très vite.

« Pourquoi Si Kaddour cachait des Juifs ? Voyez du côté de Mony Sinaï, ce pourrait bien être le fil rouge de votre recherche. Il n'y a pas longtemps, ça m'est revenu en mémoire, il y a des noms qui ont resurgi. J'avais des photos aussi que je ne retrouve plus. J'aimerais que vous aboutissiez dans vos recherches. C'est une quête de grande humanité. »

Alain-Yves Nicoulaud m'a aidé du mieux qu'il pouvait, il imaginait des hypothèses, cherchait dans chaque ligne de sa correspondance un élément qui aurait pu être déterminant. Il m'interrogeait beaucoup, et mes réponses lui donnaient des idées à son tour. Il a insisté sur Mony Sinaï, m'indiquant que c'était sans doute là une piste des plus sérieuses. « Vous comprenez, me disait-il, toutes ces adresses qui figurent sur un carnet où il était écrit "Mony Sinaï chez Mme ou M…" », il appuyait sur le mot « chez » Je pense que je devais comprendre que Mony Sinaï était une Juive en fuite et qu'elle s'abritait où elle le pouvait.

À la fin de la conversation — il avait tant besoin de parler —, il m'a dit qu'il comprenait mon obsession… moi, pas. « Je vous comprends parce que moi il y a un sujet qui m'obsède depuis plus de cinquante années : c'est l'Algérie. La guerre d'Algérie. J'ai beaucoup lu, mais il me manque toujours quelque chose, j'aurais voulu discuter avec un cadre de l'armée algérienne, avec un dirigeant du FLN. Un jour, il y a une trentaine d'années, j'ai raté une occasion : une femme voilée qui portait un enfant amputé des deux jambes m'a dit : "Je te connais, tu étais à Alger." J'ai cherché à la retrouver, appelant la mairie, des associations. Je n'ai jamais pu lui parler. »

Le lendemain, Alain-Yves Nicoulaud m'a envoyé des extraits de son carnet d'adresses et de superbes photographies de Si Kaddour Benghabrit. Je n'ai rien pu exploiter, même en insistant sur le cas Mony Sinaï.

De mon côté, j'ai regardé sur le site du Mémorial de la Shoah, il y a deux femmes au nom de Sinaï, Allegra et Mathilde, qui ont été déportées à Auschwitz. J'ignore si elles ont un lien avec Mony.

6

Une mémoire, c'est souvent des notes bizarrement rassemblées, dans le sous-sol d'une bibliothèque ou dans une salle d'archives. C'est un dossier qui n'a été consulté que deux ou trois fois en une décennie, et qui dort, attendant que quelqu'un se penche sur lui. Il peut disparaître sans que jamais personne le sache. Je suis quand même impressionné par cette France des archives : pas une région, un département, une petite ville, un ministère ou même une association qui ne possède ses archives. C'est exceptionnel. Quand j'étais à Fontainebleau, à l'antenne des Archives nationales, trois employés étaient à mon service — et ce n'est pas parce que je suis journaliste, je ne l'avais pas dit. J'avais appelé au préalable, et mon carton où figuraient les documents était prêt quand je suis arrivé — on avait seulement retiré les feuillets non communicables parce qu'ils faisaient état d'un homme qui avait frayé avec la Gestapo et était décédé depuis moins de cinquante ans. Le bâtiment était éloigné de la gare, mais une navette était mise à disposition, il fallait simplement la prendre tôt le matin.

Je crois qu'on n'est pas conscient de cette richesse française, il suffit d'admirer les trésors de la BNF. Des pépites. Il y en a partout dans le plus petit recoin de l'Hexagone et de l'Outre-mer. Il suffit de comparer ce que l'on peut trouver à la Grande Mosquée de Paris bâtie en 1926 avec une longue et riche histoire. Ce que l'on y peut trouver ? J'ai cherché : rien ! Et je ne suis pas le seul, une de mes connaissances qui travaille sur l'architecte de ce bel édifice religieux n'a pas eu plus de chances que moi. Elle sait pourtant que s'y trouvent des éléments intéressants.

Quand je me trouve dans une ville, c'est devenu un rituel — une lubie, en vérité : je cherche les librairies. Et s'il y a un centre d'archives. C'est maladif, je n'y peux rien. Il m'est arrivé de me retrouver au bord de la mer ou au soleil (l'île de La Réunion, Alger, Oran, Aix-en-Provence…) et, au lieu d'en profiter, de préférer rester confiné dans les sous-sols des salles d'archives.

Je crois que plus un pays est libre, plus sa volonté de préserver sa mémoire est grande. Et plus ses archives sont importantes. Un pays libre n'a pas peur de son passé.

*Paris V^e^*,
Commissariat de police,
service de la mémoire et des archives

Devant moi s'étalent environ trois cents feuillets où l'on peut voir comment Si Kaddour agit pour les uns et pour les autres. Sa correspondance est impressionnante. Visiblement, il n'hésite pas à user de son influence et de ses réseaux pour faire plaisir. Il ne fait pratiquement que cela. Quand il s'agit de son activité professionnelle, cela se comprend : il effectue des visites des prisonniers musulmans en banlieue et en province, ces derniers lui font un accueil chaleureux — une lettre en témoigne. Il entreprend de nombreuses démarches pour donner satisfaction aux différentes requêtes en faveur des musulmans d'Afrique du Nord. Quand la Grande Mosquée de Paris connaît des difficultés financières, il se démène bec et ongles et réussit à renflouer les caisses ou à faire verser les salaires au personnel et aux imams. Des travaux urgents sont nécessaires pour la réparation ? Il obtient des majorations de subventions. Il fait envoyer des colis aux musulmans hospitalisés, visite régulièrement des sanatoriums, distribue des denrées alimentaires aux pauvres et aux malades. Tous les vendredis, il offre des repas gratuits qui sont servis au restaurant de la Mosquée. Dans une note, il est indiqué que, pour la seule année 1943, 2 500 repas gratuits ont été servis. Sans compter les 1 500 couscous offerts pendant chaque fête musulmane.

À travers ces documents, on sent que Si Kaddour Benghabrit aime ça, ces services rendus, ces rencontres, ces interventions, c'est comme un homme politique aime une foule conquise.

À chaque fête, soit de fin d'année, soit de l'Aïd el-Kebir, il adresse ses vœux personnels et circonstanciés aux dirigeants politiques. C'est ainsi que j'ai pu lire une correspondance où il faisait part de ses « sentiments de fidélité et de confiance » à Pétain. J'ai pu lire aussi ses courriers à Pierre Laval afin d'obtenir des financements pour les activités de la Mosquée…

Sur le plan privé, également, Si Kaddour Benghabrit ne cesse d'apporter des services divers et variés. Là aussi, la correspondance est étoffée. Je crois qu'il essaie d'aider tous ceux qui le lui demandent, et d'autant plus rapidement s'il s'agit d'un ami. Ses différents voyages lui offrent souvent l'occasion de rendre visite à une personne — quitte à faire un détour ou à rester une journée de plus —, ou d'apporter un coup de pouce.

Il ressort de ces témoignages le portrait d'un homme aimant aider — « un homme de cœur et d'influence », dit Philippe Bouvard.

Mais on retrouve aussi dans les archives la trace d'attitudes moins nobles, notamment vis-à-vis de sa seconde femme. Il l'a répudiée. Une note de la direction des Renseignements en parle, elle est datée du 5 mai 1954, Si Kaddour a alors quatre-vingt-six ans et mourra un mois plus tard.

> Les milieux nationalistes nord-africains de la région parisienne se font l'écho d'une rumeur selon laquelle la résidence générale de France à Rabat aurait exigé, par le truchement de l'actuel sultan du Maroc, que S.E. Si Kaddour Ben Ghabrit, ministre plénipotentiaire, directeur du protocole chérifien,

répudie son épouse, née *DJEBLI* Zolikha. Ce divorce à la manière musulmane aurait été motivé par le fait que l'ancienne femme de Si Kaddour, beaucoup plus jeune que lui, menait une vie dissolue, d'une part, et fréquentait les éléments nationalistes nord-africains, d'autre part. Ainsi, ces derniers étaient renseignés sur toutes les activités du chef du protocole chérifien. L'ancienne femme de S.E. Si Kaddour Ben Ghabrit aurait proféré des menaces contre son ex-mari, accusé de la laisser sans ressources.

Il a eu également des soucis avec sa première épouse, la mère de ses cinq fils, qui l'a menacé de poursuites s'il ne l'aidait pas financièrement.

Fontainebleau,
Annexe des Archives nationales

À l'occasion des vingt-cinq ans de la Mosquée de Paris, un journaliste brosse le portrait du principal artisan de sa création, Si Kaddour Benghabrit. Cet article, forcément élogieux mais tout de même bien informé et instructif, est paru dans la revue *Carrefour* datée du 25 juillet 1951. J'ai pensé qu'il était intéressant et donnait, peut-être, une idée de l'image publique du fondateur de la Mosquée. Vers la fin, quelques mots rappellent que Benghabrit a eu des problèmes avec la Gestapo.

Son titre : « Un grand seigneur fou de théâtre : S.E. Si Kaddour Ben Ghabrit. »

Pour qui ne connaîtrait par Son Excellence Si Kaddour Ben Ghabrit, au maintien suprêmement digne, sa carte de visite, seule, suffirait à imposer le respect. On y lit qu'il est « vizir chancelier des Ordres chérifiens, ministre plénipotentiaire honoraire, directeur de l'Institut musulman et de la Mosquée de Paris ». Vizir chancelier des Ordres chérifiens, c'est-à-dire quelque chose dans le genre de notre grand chancelier de la Légion d'honneur, ministre plénipotentiaire honoraire, c'est-à-dire qu'il a derrière lui une longue carrière de négociateur, à la fois fervent patriote et grand ami de la France ; directeur de l'Institut musulman et de la Mosquée de Paris, cela se passe d'explications. À qui n'a jamais visité cette mosquée, on conseille d'y aller au plus tôt, c'est le haut lieu exotique de Paris, et une parfaite réussite architecturale.

S.E. K. Ben Ghabrit est une figure familière pour les habitués des générales parisiennes, où il paraît toujours dans son costume national. Et s'il ne manque pas une générale, c'est qu'il est fou de théâtre. Au point d'avoir produit lui-même deux pièces, et qui furent jouées. La première, intitulée *La polygamie sentimentale*, essuya les feux de la rampe, voici quinze ans, à Aix-les-Bains. Ce sont quatre actes qui racontent l'histoire d'un musulman qui est élevé dans la culture française, puis, rentrant chez lui, épouse une compatriote douée de toutes les vertus, mais pas instruite. De sorte que, rencontrant parmi ses relations mondaines une autre femme qui, sous le rapport des ornements de l'esprit, est son égale, il en tombe amoureux fou. D'où un conflit qui se dénoue le mieux du monde, puisque la première femme donne à son époux permission de convoler avec la seconde.

L'autre pièce, *La ruse de l'homme*, est tirée d'un conte des *Mille et Une Nuits* et fut jouée au théâtre de la Madeleine par Tania Fédor, puis à Paris-Plage.

Elle met aux prises un don Juan marocain qui affiche dans son magasin que « la ruse de l'homme est supérieure à celle de la femme », et une jeune fille voilée qui entreprend de faire mentir la devise, et y réussit fort bien. Elle se fait passer pour la fille du caïd de Fès et séduit si fort le présomptueux que celui-ci va demander sa main au père prétendu. Le mariage se fait. Ô horreur ! la fille, la vraie, du caïd, est un repoussoir. Fin heureuse, quand même, puisque, après divorce, le Casanova chérifien épouse la maligne qui se montra, effectivement, plus rusée au lui.

Son Excellence Si Kaddour Ben Ghabrit est également l'auteur d'un scénario de cinéma, qu'il conserve encore dans ses tiroirs. L'argument en est tiré d'une anecdote historique, vieille de trois siècles. C'était le temps où un prétendant au trône du sultan allait, avec le secours des tribus de Marrakech, attaquer Meknès. La belle Aguida, favorite du sultan, alla trouver le rebelle, le séduisit et le réduisit si bien à merci qu'elle l'amena faire sa soumission à son seigneur, lequel pardonna et fit cadeau de sa favorite au prétendant ! Son Excellence ne sait pas si ce scénario sera jamais tourné et juge que tous les films inspirés par l'Afrique du Nord ne sont pas satisfaisants.

Mais l'œuvre principale de cet habile diplomate demeure la Mosquée de Paris, dont le principe avait été arrêté en 1916. Si Kaddour, en ce temps-là, revenait d'une mission à La Mecque, aux fins de décider le chef religieux de l'Islam à se rallier aux Alliés, mission qui réussit pleinement. On lui demanda à Paris de s'occuper des souscriptions. Il repartit pour le Maroc, revint en 1921 dans notre capitale, où les Affaires étrangères le mandatèrent en tant que directeur de l'entreprise. « Comment, depuis cinq ans, dit-il, rien n'est encore commencé ! » En possession du dossier, il le rejeta, choisit trois architectes bâtisseurs au Maroc, fit refaire les plans… et sollicita, des Affaires étrangères, une subvention. « Impossible, lui fut-il répondu, c'est affaire confessionnelle, notre État est séparé des Églises ! — Et si je fonde un institut ? riposta le diplomate. — Ah ! alors, c'est différent, c'est affaire de culture ; dans ces conditions, vous l'aurez, votre subvention ! »

Entre autres destinations, la Mosquée de Paris a celle de recueillir les restes des musulmans, en transit vers leur dernière demeure en terre natale. Ce qui ne va pas toujours sans difficulté. C'est ainsi que la dépouille d'Abdul Mehgit II, ex-sultan de Turquie, mort à Paris voici sept ans, demeure toujours « en souffrance » à la Mosquée, car certains membres de sa famille veulent la ramener à Hayderabad (Inde), d'autres en Égypte, d'autres enfin en Turquie et n'arrivent pas à se mettre d'accord !

S.E. Si Kaddour Ben Ghabrit est grand voyageur, toujours en mouvement depuis cinquante ans. Le voyage qui lui a laissé les plus forts souvenirs est celui qu'il fit en Russie en 1901 ; et la ligne rigoureusement droite du chemin de fer Pétersbourg-Moscou le remplit encore d'étonnement.

Pendant la guerre, il eut maille à partir avec la Gestapo, qui recherchait, à la Mosquée, certain lieutenant marocain évadé, et les nazis s'inclinèrent devant la dignité, la fermeté du vizir.

Un grand seigneur, en vérité.

Paris IVe,
Mémorial de la Shoah

Si le fondateur de la Mosquée de Paris a sauvé des Juifs, il a aussi dû en laisser d'autres aller vers une mort certaine. Je tiens cela d'un document retrouvé au Mémorial de la Shoah. Un mot, une signature de Benghabrit aurait épargné cette femme qui, comme de nombreuses autres personnes, cherchait à sauver sa peau en attestant qu'elle n'avait pas d'ascendance juive. Cette femme s'appelait Germaine Roland, son nom de jeune fille : Marzouk.

Il faut savoir que la Mosquée, unique institution musulmane, était constamment questionnée sur la judéité (ou non) des cas que le commissariat général aux questions juives et son « directeur du statut des personnes » lui confiaient. Benghabrit donnait trois types de réponses. 1 : Oui, celui-là (ou celle-là) est bien musulman(e) ; 2 : Je ne peux pas me prononcer ; et 3 : Non, cette personne n'est pas musulmane — elle est donc juive.

C'est ainsi que Si Kaddour Benghabrit a dû traiter le dossier Germaine Roland.

Voici la lettre, datée du 17 juin 1944, adressée au directeur de la Mosquée de Paris :

> Excellence,
>
> Je viens d'être appelé à statuer sur la situation de Mme Roland, née Marzouk, Germaine, originaire de Tunisie. L'intéressée est issue de la branche paternelle de Marzouk Jacques, issu lui-même de Marzouk Lalou et de Safar Taïta. Dans la branche maternelle, elle est issue de Zirah Émilie, issue de Zirah Joseph et de Sarfati Tita. A priori ces divers patronymes me paraissent typiquement juifs. L'intéressée prétend que ses grands-parents seraient d'origine musulmane. Je vous remets, ci-joint, à toutes fins utiles, copie d'une attestation de laquelle

il résulte que Marzouk Jacques, père de l'intéressée, serait de confession musulmane, document transmis de Tunis par le canal de la Croix-Rouge. Vous avez eu l'amabilité, à diverses reprises, de me donner votre avis sur des cas d'espèce analogues à celui-ci. Puis-je vous demander à nouveau si l'attestation dont il s'agit peut être tenue pour valable ou non et si les patronymes des ascendants de l'intéressée sont d'origine juive ou musulmane ?… »

Je n'ai pas retrouvé la réponse directe de Si Kaddour Benghabrit, mais ce document daté du 12 juillet expédié par le commissariat général aux questions juives au mari de Germaine Roland. Le verdict est sans appel.

Monsieur,

Comme suite à la visite que vous m'avez faite au sujet de votre femme, Mme Roland née Marzouk Germaine, je vous informe qu'il ressort des renseignements les plus complets dont je me suis entouré et du résultat de l'enquête menée, tant auprès de l'Institut musulman que du professeur Montandon, que Mme Roland doit être considérée comme juive au regard de la loi du 2 juin 1941.

George Montandon est cet anthropologue, proche de l'écrivain Céline, auteur d'un fascicule *Comment reconnaître le Juif*, il servait d'« expert racial » en cas de doute. Il arrivait même qu'il se déplaçât dans les camps pour donner son avis à travers un rapide « examen ethno-racial » — le Mémorial de la Shoah recense des milliers de documents sur lui —, il se trouve qu'avec sa classification douteuse, il voyait des Juifs partout, y compris, par exemple, en la personne de Charles Maurras. Sous des critères soi-disant scientifiques, il classait les Juifs dans la catégorie de « l'ethnie putain », parce que, selon lui, ils ne seraient pas patriotiques et se donnaient à n'importe quelle nation… Montandon était suisse, naturalisé français, et avait épousé une Russe…

La lettre concernant le sort de Germaine Roland est signée de Saint-Blancard, elle se termine par une formule de politesse : « Veuillez agréer, Monsieur, l'expression de mes sentiments distingués », comme s'il s'agissait d'un quelconque courrier administratif alors qu'elle signe la condamnation à mort d'une femme.

Une condamnation qui n'allait pas tarder. En découvrant ces deux lignes dans la liste des victimes de la Shoah, j'ai une boule dans l'estomac :

> « ROLAND Germaine. A été internée à Drancy sous le matricule 18. Est arrivée le 05-08-1944. Reçu n° 6973 dans le carnet de fouilles n° 161.

Ainsi, ça ne traînait pas. En juin, on dépose le dossier pour savoir si cette femme est musulmane ou juive ; en juillet, la réponse tombe ; début août, elle est conduite à Drancy. Tout se recoupait dans ce jeu de piste macabre. Quelques-uns échappaient à ce destin funeste. Germaine Roland a eu la chance d'arriver tard à Drancy et de n'avoir pas été conduite à Auschwitz.

Les autres, les plus nombreux, on retrouve leur nom sur le mur du Mémorial de la Shoah. Cette idée de recenser toutes les personnes déportées et d'inscrire leur nom constitue, malgré tout, le plus bel hommage que l'on peut leur rendre. De cette façon, elles ne disparaissent pas complètement de notre mémoire. Je pense souvent à cette phrase inscrite au fronton du Mémorial de Yad Vashem, à Jérusalem : « Et je leur donnerai dans ma maison et dans mes murs un mémorial et un nom qui ne seront pas effacés. » La phrase est tirée de l'Ancien Testament (Isaïe 56, 5).

Bobigny,
Archives départementales
de la Seine-Saint-Denis,
Témoignage d'Ahmed Somia

Depuis combien de temps n'ai-je pas utilisé ce qui est devenu un objet de musée : une cassette, ou K7, comme on aimait l'écrire ? Aux Archives départementales de la Seine-Saint-Denis, à Bobigny, des témoignages illustrant la Résistance ont été recueillis. Le département avait souhaité garder des traces sonores. J'avais vu Ahmed Somia dans le documentaire de Derri Berkani, voilà que je découvre qu'il avait également parlé à un employé du département. Je me suis rendu aussi vite que j'ai pu à Bobigny. Pour avoir accès au document, il fallait effectuer une demande d'autorisation que j'ai obtenue assez rapidement, en une semaine. L'endroit insonorisé où j'ai écouté cette cassette ne mesurait pas plus de un mètre carré. Il y faisait chaud. Mais, si je n'entendais que très mal les questions de l'interviewer qui semblait loin du micro, je reconnaissais parfaitement la voix souriante d'Ahmed Somia. L'entretien avait été réalisé le 27 novembre 1991, à Bobigny.

« J'ai été nommé au mois d'avril 1938 à l'hôpital franco-musulman de Bobigny. J'ai vécu toute la guerre dans l'hôpital, il a été occupé par l'armée française d'abord. Puis les Allemands s'y sont intéressés. »

Ahmed Somia tousse. Et les questions restent inaudibles.

« L'hôpital a eu une activité clandestine. Quand les Allemands l'ont quitté en 1941, la préfecture l'a récupéré. Il a constitué un relais formidable pour la Résistance, peu le savent, sauf certains internes. J'ai appartenu à plusieurs groupes, dont celui de Libération-Nord, contacté fin 1941 par des amis et par une loge maçonnique. Quand on avait quelqu'un à soigner, on avait une méthode : on le transportait sous un faux nom à l'hôpital Lariboisière.

« J'ai un autre cas qui sur le plan humain m'a beaucoup bouleversé. C'est le mari d'une dame qui possédait le restaurant Le Grand Pavillon, en face du métro Porte de la Villette. Un jour, il me dit : "Mon cher Somia, il y a une famille qui est partie dans le Sud, ils ont laissé l'enfant chez la grand-mère, je leur fais porter de la viande tous les deux ou trois jours, il faut faire quelque chose pour ce gosse de sept ans qui ne voit jamais le soleil et que la grand-mère garde." J'ai eu une idée à ce moment-là, je travaillais avec une assistante sociale, rue Tiphaine, qui était remarquable et qui était une sainte femme assez âgée, j'étais sûr de ce qu'elle faisait. Je me suis ouvert à elle. Et je suis allé frapper à la maison où il y avait ce petit enfant. J'ai frappé, frappé, elle n'ouvrait pas. Je me suis présenté et j'ai dit que je venais de la part d'untel. Elle ouvre doucement, voit ma tête — je suis brun —, et elle me dit : "Ils ne vous ont pas arrêté ?" Elle a cru que j'étais juif. Je lui ai répondu que Dieu m'avait protégé. Elle m'a alors ouvert sa porte toute grande. Je lui ai dit : "Voyez, madame, je connais toute l'histoire de votre famille, ce petit enfant je peux le faire partir sous un faux nom." Elle me l'a amené et on l'a fait partir à l'assistance sous un faux nom. Il y avait beaucoup d'astuces de ce genre-là que les gens ne soupçonnent pas, il ne fallait pas être trop nombreux dans le secret. »

Durant une minute la cassette devient inaudible.

« J'ai quatre-vingt-deux ans, les noms ne s'affichent plus, dit-il en toussant. On n'a pas eu à se plaindre de l'administration, le chef de service s'appelait M. Rolland, il était célèbre, une opération portait même son nom. L'hôpital était une oasis ignorée.

« Je suis resté dans cet hôpital jusqu'en 1976, à l'âge de soixante-cinq ans. »

À un moment, on réussit à entendre la question de l'interviewer : « Vous n'avez jamais eu un contrôle des Allemands, une visite ? »

Ahmed Somia répond, et on imagine son sourire :

« Non, non, pour les Allemands nous étions des musulmans, donc nous étions contre les Juifs ! »

Il raconte d'autres anecdotes. Puis il en vient à la Mosquée de Paris : « J'étais en relation avec la Mosquée de Paris et ses restaurateurs. Je délivrais des certificats surtout pour ceux qui repartaient en Afrique du Nord. J'ai un calepin, je retrouverai des noms. En 1941, au départ des Allemands de l'hôpital, le personnel était remarquable, ils voyaient des choses bizarres, notamment des médicaments et des pansements qui disparaissaient en nombre, et ils ne disaient rien.

« À mon âge, maintenant, je me dis que c'était un miracle, quand on voit que des gens ont été dénoncés pour moins que ça. Moi je me suis sauvé une fois, en 1943, je louais un cabinet au 23, rue de Clichy, et j'ai gardé les meubles de Mme Mortensen. J'étais interne à l'hôpital franco-musulman, j'avais une pièce dans la salle de garde, même si j'habitais Paris. Il y avait Jauzion, un grand savant qui a laissé un nom en dermatologie, et Meunier, camarade d'internat, il était otorhino. Il a ensuite été résistant, puis maire du Ier arrondissement. Jauzion, lui, non, il n'a pas été résistant, il aimait la littérature… »

À la fin de l'entretien, Somia dit à son interviewer, comme s'il le gênait : « Je vais vous laisser travailler… »

Paris,
Au domicile personnel de Dalil Boubakeur

Le recteur de la Mosquée de Paris m'a convié chez lui. Cette fois, je voulais en savoir un peu plus sur le rôle qu'aurait joué le personnel de la Mosquée, et particulièrement l'imam Mohamed Benzouaou. Albert Assouline en avait parlé, lui aussi. Benzouaou aurait fréquenté la Mosquée de Paris à partir des années 40. Mais il n'aurait été recruté officiellement qu'en 1957, par Si Hamza Boubakeur. Il est difficile d'avoir des informations très nettes sur cet homme.

Je demande à Dalil Boubakeur de me donner quelques précisions sur ce personnage qui pourrait se révéler une piste intéressante. « Des cinéastes avaient été frappés par son allure de rouquin au physique sympathique et attirant, me dit-il. Il devait fréquenter les studios de cinéma, car il aimait la compagnie du monde du septième art.

« Je pense que même avant l'arrivée de mon père, en 1954, c'était l'un des fidèles de la Mosquée. Il était arrivé avec un sérieux bagage coranique, formé dans la célèbre cité religieuse de Bordj Zemmoura en Algérie dans la région de la Petite Kabylie. Il aimait lire, réciter le Coran. Il y avait beaucoup d'Algériens qui l'écoutaient. Avant d'officier comme imam, il allait souvent dans les anciennes Halles de Paris. Il était connu comme commerçant. »

Je pense que Dalil Boubakeur veut me prouver que c'est Mohamed Benzouaou le véritable héros de l'histoire, et non Si Kaddour Benghabrit.

Benzouaou était-il à la Mosquée de Paris durant l'Occupation ? « Lui, il le dit », me répond le recteur. Et il ajoute : « Il avait un côté emphatique et captivant dans ses récits. » C'est lui qui serait à l'origine de la fable selon laquelle Simone Veil a été sauvée par la Mosquée de Paris. « Chose qu'elle m'a personnellement infirmée, à cette époque elle était à Nice.

« C'était un homme très assidu, avenant, agréable, attentif. Son visage s'éclairait souvent d'un sourire légendaire. Il était très estimé par les fidèles au sein de la Mosquée. »

Il avait vécu à Paris et faisait état de ses relations, notamment dans le cinéma. Il aurait même tenté une carrière. D'ailleurs, on peut l'apercevoir dans le film *La vérité* d'Henri-Georges Clouzot, avec Brigitte Bardot. Il avait un petit rôle de juré.

Puis, Dalil Boubakeur me dit ceci, presque sans transition, et sans conviction aussi : « Probablement Benzouaou était-il là pour donner de faux papiers, pour attester qu'untel était musulman. Le jour de sa mort, il y avait une foule considérable. Son ami Assouline avait fait des pieds et des mains pour le faire enterrer dans l'enceinte de la Mosquée. »

Juste avant que je quitte son domicile, Dalil Boubakeur me donne la copie d'une photo de Mohamed Benzouaou en compagnie du pape Jean-Paul II. L'imam est mort en 1984, à l'âge de soixante-six ans, dans des conditions dramatiques, assassiné par un déséquilibré à quelques pas de la Mosquée. « J'avais été le veiller à l'hôpital de la Pitié Salpêtrière jusqu'à ses derniers instants. Son souvenir reste vivace tant sa bonté a marqué tous ceux qui l'ont connu », me confie-t-il.

7

Les enfants des survivants ne sont pas les meilleurs témoins. J'ai remarqué cela à force de chercher. Ces enfants passent leur temps à vouloir oublier, et à ne pas se sentir vraiment concernés par le passé de leurs parents. C'est peut-être une posture ou une manière de se protéger, je ne sais pas. Ils se réfugient dans l'oubli, le désir de passer à autre chose, sans doute. Bien malgré eux, ils en viennent à effacer des pans de mémoire. Parfois, ils changent de nom. Ils le francisent, des consonances étrangères sont biffées. Ils déchirent les vieux papiers pour construire un avenir à leurs propres enfants.

Mais ça ne fonctionne pas. Les petits-enfants s'interrogent, cherchent et effectuent ce travail de mémoire ; ils veulent à tout prix renouer avec le fil de l'histoire. Les petits-enfants reprennent le nom de leurs grands-parents disparus, ils tentent de retrouver ces oubliés, de reconstituer un puzzle, les parents n'ayant pas voulu garder ces morceaux d'histoire. Cette quête est touchante ; elle me touche, moi, qui ne connais rien de mes grands-parents. Ni de mes parents, d'ailleurs. Le désir de passer à autre chose, sans doute…

Une mémoire morte, c'est un homme, une femme qui refuse de revenir sur son passé. On a des scrupules à le pousser à raconter comme je tente de le faire. Mais combien de fois ai-je entendu un fils ou une fille me dire à propos de ses parents ou de ses grands-parents : « J'aurais dû leur demander, je ne sais rien d'eux » ?

Une mémoire morte, c'est un homme, une femme qu'on a oublié d'écouter. À qui on n'a pas tendu un micro ou un stylo. Écrivez, écrivez, je ne cesse de le répéter, ou faites écrire votre histoire. Tenez, aujourd'hui, il n'y a plus un seul homme vivant pour dire ce qui se passait dans les tranchées. C'est bizarre, mais j'avais été marqué, sans trop comprendre pourquoi, par la mort du dernier poilu, Lazare Ponticelli, le 12 mars 2008, il avait cent dix ans. Il avait très peu parlé. Ce n'est que vers la fin de sa longue existence qu'il avait décidé de se confier…

Une mémoire morte, c'est aussi une victime qu'on a oublié d'écouter. Pas un seul Juif n'a été interviewé pendant l'Occupation. Pas un seul. On n'a pas songé à demander à ces personnes ce qu'elles vivaient, ce qu'elles enduraient, ce qu'elles pensaient. Serge Klarsfeld me faisait cette remarque. Pas d'interview, non plus, d'un Juif libéré — il y a des images, mais pas de paroles.

L'histoire des Juifs aurait sans doute été différente sans le travail considérable de Claude Lanzmann, l'auteur de *Shoah*, précieux recueil de témoignages qu'on ne pourra plus oublier ; et sans l'inlassable quête de Serge Klarsfeld et de sa femme Beate qui ont donné des noms à des milliers de victimes.

Il existe une expression en arabe qui, à la réflexion, est un peu terrifiante. On dit « *Li fett mett* », et on la traduit par « C'est du passé ». En vérité, elle signifie littéralement « Ce qui est passé est mort ». Sans doute, le fatalisme oriental. Mais c'est effrayant. Non, ce qui est passé doit rester vivant.

Tribune d'Albert Assouline
retrouvée dans l'*Almanach du combattant*,
numéro de l'année 1983

> La Mosquée de Paris fut fondée après la Première Guerre pour les enfants des anciens combattants musulmans. Ainsi, dès son origine, elle fut bien plus qu'un lieu de prières. Elle rappelait que les musulmans n'ont jamais hésité à faire le sacrifice de leur vie pour s'allier à ceux qui, musulmans ou non, se battent pour la justice et la liberté.
>
> Sa construction par *[l'association des]* Habous sur la moitié d'un terrain attribué par la ville de Paris témoigne d'une ouverture d'esprit réciproque.
>
> Son histoire fut jalonnée de faits illustrant une vocation qui, pour les non-musulmans, peut paraître dépasser le cadre des préoccupations religieuses mais qui est, pour les musulmans, la stricte observance du respect de la dignité humaine tel qu'il est préconisé par leur religion.

Le sultan chérif du Maroc Moulay Youssef inaugura en 1926 la Mosquée et l'Institut musulman et désigna comme premier recteur S.E. Si Kaddour Ben Ghabrit.

Pendant toute la dernière guerre, la Mosquée ne cessa d'apporter son aide à la résistance contre l'Allemagne nazie. Pas moins de 1732 résistants trouvèrent refuge dans ses caves : des évadés musulmans mais aussi des chrétiens et des Juifs. Ces derniers furent de loin les plus nombreux. On vit des cas surprenants tel celui de ces deux soldats, l'un musulman Yassa Rabah, l'autre juif Albert Assouline, qui s'évadèrent ensemble d'Allemagne, transitèrent clandestinement par la Mosquée, puis gagnèrent la France libre en franchissant la ligne de démarcation dans le Doubs où il fut établi un ordre de mission à leur arrivée le 30 septembre 1940.

Le premier imam S.E. Si Mohamed Benzouaou prit des risques considérables pour camoufler des Juifs en leur fournissant des certificats attestant qu'ils étaient musulmans. Il y eut de chaudes alertes comme le jour où les Allemands s'étonnèrent de la présence d'une odeur de tabac à la Mosquée alors qu'ils savaient que les musulmans s'interdisent d'y fumer.

Rappelons que le roi du Maroc, Mohammed V, père du souverain actuel, avait été reconnu comme « Compagnon de la Libération » par le général de Gaulle en reconnaissance de la part qu'il avait prise au débarquement des Américains en novembre 1942 et à la formation des corps volontaires marocains dans les différentes unités qui participèrent aux débarquements d'Italie et de France.

Albert Assouline

N.D.L.R. S.E. Si Kadour Ben Ghabrit est mort mais Si Mohamed Benzouaou vit encore, et aucun gouvernement français ne lui a encore témoigné la moindre reconnaissance pour ses actions de résistance.

On peut douter de tous les témoignages — et certains ne s'en privent pas. On peut douter, et c'est parfois une attitude saine, mais j'ai l'intime conviction que ni Ahmed Somia ni Albert Assouline — l'Arabe et le Juif — ne mentaient. À la rigueur, ils auraient pu se tromper, oublier un nom. Oui, cela est possible, mais, sur le fond, quel intérêt avaient-ils à refaire l'histoire ?

Bien sûr, au cours de mes recherches, j'ai remarqué des contradictions, j'ai rencontré des récits qui s'apparentaient plus à la légende qu'à la réalité ; mais des mensonges délibérés, ça non.

Parmi les légendes figure celle-ci, qu'Albert Assouline a lui aussi relayée. Il n'était pourtant pas si difficile de vérifier. Elle racontait que la Mosquée de Paris avait abrité une toute jeune fille du nom de Simone Jacob. Simone Jacob est encore vivante, et, aujourd'hui, on la connaît mieux sous le nom de Simone Veil. La légende était tenace. Un jour, Simone Veil se rend à la Mosquée de Paris pour un événement — elle était peut-être ministre à cette époque. On lui présente alors Mohamed Benzouaou et on dit à Simone Veil : « Vous ne le reconnaissez pas ? C'est celui qui vous a sauvé la vie quand vous étiez enfant… » Simone Veil répond gentiment :

« La légende est belle, mais elle n'est pas vraie. » Elle n'avait jamais mis les pieds à la Mosquée.

Bobigny,
Cimetière franco-musulman

J'ai aussi vérifié cette histoire de fausse tombe au nom du père de Salim Halali.

Pour sauver Salim Halali, il est souvent écrit — et répété — que Si Kaddour Benghabrit a fait graver sur une tombe anonyme du cimetière musulman le nom du père du chanteur, persuadant ainsi les Allemands que Halali était musulman depuis plusieurs générations. C'est d'ailleurs une scène forte du film d'Ismaël Ferroukhi, *Les hommes libres*, qui montre la tombe avec cette inscription : « Brahim Halali, 1885-1939 ». Il y a au moins deux erreurs — mais c'est une fiction —, car, dans l'extrait d'acte de naissance que je me suis procuré, le père de Salim a pour nom Fradj Halali, et il est né en 1892, pas en 1885…

Avant de me déplacer à Bobigny, j'appelle le cimetière. Comme Halali avait plusieurs orthographes, je donne toutes les informations dont je dispose à l'employée : Hilali, Allali, el-Ali…

D'abord, j'apprends qu'il n'y a jamais eu de tombes anonymes : tout était enregistré. Sur le registre informatique du cimetière, il n'existe aucun nom approchant. Je cherche par date de décès — le père de Salim Halali serait mort avant 1940, forcément. Le seul nom qu'elle trouve est un certain

Ismaël Hallabi, mais il est décédé le 24 septembre 1946.

Cette légende est écrite partout où l'on parle de Halali. Il existe même un livre pour enfants où figure le dessin de la fameuse tombe. Je l'ai cherchée et je ne l'ai pas trouvée.

Par acquit de conscience, je me suis rendu au cimetière de Bobigny. Il est impossible de savoir si un jour il y a eu ici une tombe au nom du père de Salim Halali. La légende est belle, mais est-elle vraie ?

La Courneuve,
Antenne des Archives du ministère des Affaires extérieures

Nous sommes à la fin du mois de janvier 1941. Un échange de télégrammes qui évoque une arrestation de Si Kaddour Benghabrit à Paris concerne trois acteurs majeurs de la Seconde Guerre mondiale. Le général Weygand, qui n'est alors plus ministre de la Défense du gouvernement de Vichy, mais « délégué général en Afrique française », et le général Noguès, commandant en chef des forces françaises d'Afrique du Nord. Le troisième est l'ambassadeur de Brinon.

Il faut s'arrêter un instant sur cet ambassadeur, Fernand de Brinon, qui est un roman à lui seul. Il a d'ailleurs été l'unique ambassadeur de France… en France, auprès des autorités allemandes. Il a servi Pierre Laval en tant que secrétaire d'État du gouvernement de Vichy. Ancien journaliste, il avait décroché une interview d'Adolf Hitler, interview que je n'ai pas réussi à retrouver, mais sans doute les Archives nationales en possèdent-elles une retranscription. Sa réputation faisait de lui l'un des plus fervents agents de la collaboration. Après la guerre, en avril 1947, il a été exécuté au fort de Montrouge pour haute trahison. Il a beaucoup écrit et nombre de ses textes sont conservés aux Archives nationales. Le centre de documentation du Mémorial de la Shoah possède plus de 300 documents le concernant, ils sont édifiants.

Allez comprendre : sa femme était juive. Une certaine Lisette de Brinon, qui s'est convertie au catholicisme. Malgré cette conversion, et du fait des lois antijuives de Vichy, elle aurait pu connaître le même sort qu'Irène Némirovsky, elle aussi juive convertie au christianisme. Mais Lisette de Brinon, née Louise Franck, avait été déclarée « Aryenne d'honneur », un statut qui l'a sauvée — privilège que seule une vingtaine de Juifs s'était vu accorder, et qu'il fallait renouveler tous les trois mois.

La promptitude avec laquelle ces trois hommes forts veulent régler le problème et empêcher toute publicité de l'arrestation de Si Kaddour Benghabrit donne une bonne idée de ce qu'il représentait : sa double fonction : porte-parole des musulmans et du roi du Maroc le protégeait.

> Télégramme à l'arrivée n° 3.
> Alger, le 31 janvier 1941, à 14 h 20.
> Reçu, le 31 à 17 h 40
> J'apprends par voie privée arrestation à Paris de

Si Kaddour Ben Ghabrit. En raison graves répercussions cette nouvelle sur tous musulmans Afrique du Nord la tiendrai secrète aussi longtemps que possible. Je désire connaître dès que possible motifs arrestation et évolution incident. Général Noguès informé ainsi que famille Si Kaddour Ben Ghabrit.

WEYGAND

Télégramme à l'arrivée n° 114

Rabat, le 31 janvier 1941, à 21 h 20

Reçu le 1er février à 1 heure

Un avocat du nom de KRACHLING d'ailleurs inconnu de cette résidence, a signalé que Si Kaddour Ben Ghabrit aurait été arrêté à Paris, incarcéré au Cherche-Midi et déféré aux tribunaux militaires allemands. M. KRACHLING demande que la défense du prévenu lui soit officiellement confiée. Avant de répondre au général Weygand qui me transmet ces indications, je souhaiterais savoir si les faits sont exacts. J'ajoute que Si Kaddour Ben Ghabrit peut aisément trouver à Paris un défenseur qualifié parmi ses nombreux amis avocats connus et que le moyen le plus rapide de lui venir en aide serait une intervention du représentant de la France à Paris signalant que Si Kaddour Ben Ghabrit est le chef du protocole du sultan, qui s'inquiète de son sort.

NOGUÈS

Télégramme au départ

Vichy, le 1er février 1941

Reçu le 2 février à 16 heures

RABAT n° 38

GÉNÉRAL WEYGAND N° 17

Pour le général Weygand : je me réfère à votre télégramme n° 3. CTX

Pour Rabat : je me réfère à votre télégramme n° 114

Pour les deux : interrogé par le Département, M. de Brinon a formellement démenti que SI KADDOUR eût été arrêté.

R. LE FLAM [signature illisible]

Malgré le démenti de Fernand de Brinon, Kaddour Benghabrit a bien été arrêté. Sans doute, sa fonction l'a-t-elle encore sauvé. En plus de ces télégrammes, j'ai tenté de retrouver la trace de cette arrestation, mais la prison du Cherche-Midi a été détruite dans les années 60, et il n'existe pas d'archives concernant l'Occupation. Tout juste sait-on qu'elle servait à enfermer des prisonniers politiques et des résistants de haut vol, tels qu'Honoré d'Estienne d'Orves. On comprend donc que Benghabrit fut temporairement conduit en ce lieu.

Je tente une autre piste avec le nommé KRACHLING.

Strasbourg,
Bibliothèque universitaire

KRACHLING. Ce nom me disait quelque chose. Dans le fichier des archives des Renseignements généraux, j'avais lu furtivement ce nom ou quelque chose d'approchant. Comme souvent, dès que le patronyme est un peu compliqué, la faute d'orthographe n'est jamais loin.

Il y avait bien un dossier aux RG. Un dossier au nom de « Kraehling Victor et Julien. 1892. » Le « e » s'est donc transformé en « c ». Il y avait de nombreux feuillets — Julien était un avocat activiste. Mais il me fallait trouver un lien entre ce nom et Kaddour Benghabrit.

Je découvre assez rapidement sa biographie succincte et sa nécrologie à la bibliothèque universitaire de Strasbourg.

Il est né le 2 juin 1891, à Kingghenshein (je n'ai pas trouvé le nom de cette ville dans les dictionnaires). Dans les premières années de l'Occupation, il est inconnu des RG et de la police des jeux. Mais j'apprends tout de même que : « son nom ne figure pas sur la liste de recensement des israélites du département de la Seine ». On comprendra tout à l'heure pourquoi on a cherché à savoir s'il était juif. Il est de nationalité française par réintégration. Sur une page datant du 25 juin 1941, il est indiqué : « Son attitude du point de vue national serait des plus suspectes. » On comprendra aussi pourquoi il est considéré ainsi. Autonomiste alsacien — je rappelle juste que c'étaient les années où l'Alsace et la Lorraine flottaient entre la France et l'Allemagne —, il aurait eu des liens avec des officiers allemands. Il a une villa à Deauville et possède le journal *La Presse*.

Sur un autre feuillet, vers la fin du dossier, je trouve enfin ce lien entre lui et le directeur de la Mosquée de Paris : le premier est l'avocat du second. C'est un indice fort, car, et ce n'est pas indiqué sur les fiches de police, durant la guerre Kraehling a défendu de nombreux résistants et des Juifs. D'où cette « attitude suspecte » et d'où cette enquête pour savoir s'il n'aurait pas par hasard des origines juives.

Kraehling, avocat à la cour (à Paris et à Mulhouse), a réalisé un travail extraordinaire de défense de Juifs durant les années d'Occupation et, après la guerre, il les a défendus pour qu'ils obtiennent réparation. En 1942, il a pris fait et cause pour des Juifs algériens dépositaires des messageries Hachette. Docteur en droit et en sciences, il n'hésite pas alors à s'adresser au commissariat général aux questions juives pour poser des points de règlement précis qui permettent de sauver les biens de ces Juifs — une correspondance avec le CGQJ datant du 21 octobre 1942 se trouve à la documentation du Mémorial de la Shoah. Dans ces mêmes archives, on voit aussi que Julien Kraehling a défendu la communauté djougoute de Paris. Il demande que les Djougoutes (issus d'une région de l'Iran) soient considérés, à l'instar des Géorgiens à ce moment-là, comme non-Juifs et attire l'attention du directeur du SCAP (Service de contrôle des administrateurs provisoires) sur le cas précis d'Abramoff Natanel. Il ne gagne pas toujours : Melchior de Faramond, directeur du SCAP, répond que les Djougoutes restent soumis aux ordonnances allemandes concernant les Israélites et que les administrateurs provisoires de leurs entreprises restent donc en place — ceux qui confisquaient les sociétés gérées par les Juifs. Mais cette interrogation lui a permis de gagner quelques jours et d'avertir le dirigeant de la communauté djougoute qu'il serait bon de quitter la France. Nous sommes en août 1941. Quelques mois plus tard, l'avocat obtient gain de cause en s'appuyant sur le consulat d'Iran, et les Djougoutes seront épargnés.

Fin procédurier, Kraehling lutte aussi comme il peut contre l'aryanisation des biens juifs et des entreprises.

On le croise à nouveau en 1954, il est l'un des avocats du procès Oberg-Knochen.

Je retrouve aussi sa trace sur un document relatif au concours national de la Résistance et de la déportation qui reproduit ses notes lors d'un procès : avocat du barreau de Paris, il a été commis d'office lors du procès des membres du groupe Guy Môquet à Besançon en septembre 1943. Ce groupe était dirigé par Marcel Simon qui baptisa son unité en l'honneur du plus jeune fusillé de Châteaubriant. Ses membres étaient accusés d'attentats contre des militaires allemands ou des collaborateurs.

Je ne sais pas s'il a risqué sa vie, mais Julien Kraehling mérite que l'on se souvienne de ses actes de bravoure.

Fontainebleau,
Antenne des Archives nationales

Tant de présence et pourtant si peu à raconter sur lui. Comment fait-on pour mettre un peu de lumière sur un homme de l'ombre ? Paul Valroff était l'ombre par excellence, celui que l'on ne remarque pas sur les photos — il n'est presque jamais dans le cadre et, quand il apparaît, c'est furtivement. Valroff a pourtant toujours été très proche de Si Kaddour Benghabrit. Il l'a accompagné de 1926, date d'inauguration de la Grande Mosquée de Paris, jusqu'en

1954, à la mort de son fondateur. Secrétaire particulier, assistant, bras droit… J'ai connu, comme cela, des personnes indispensables au bon fonctionnement d'une entreprise ou d'une association et qui ne se formalisaient pas pour les titres, alors qu'ils auraient pu prétendre à celui plus valorisant de « directeur ».

On ne connaît pas leur lien, mais il est du genre indélébile et d'une fidélité sans failles. Il habite aussi la Mosquée de Paris, avec sa femme et ses trois enfants : Roger, Simone et Yvonne. Sur la plupart des documents qui concernent Benghabrit (registre, laissez-passer, démarches administratives), son nom figure à ses côtés. Il est inspecteur des arts indigènes détaché à l'Institut musulman. Il parle l'arabe, et son fils, Roger, l'apprendra aussi.

Ce n'est pas un musulman — on le lui reprochera. Comme, à un moment, on lui reprochera d'être marié à une Suisse allemande qui parle « admirablement » l'allemand. Le compliment est signé des Renseignements généraux, mais c'est pour mieux le soupçonner d'avoir des « relations suivies » avec l'ambassade d'Allemagne, ce qui était le cas de la plupart des institutions sous l'Occupation.

Quand on accusera après la guerre Si Kaddour Benghabrit des pires vilenies, Paul Valroff sera visé aussi. Ainsi, sur certains papiers retrouvés à Fontainebleau, le secrétaire particulier sera soupçonné d'avoir fait fortune avec l'échaudoir de la Villette. L'échaudoir, c'est cet endroit où l'on plonge les animaux dans l'eau bouillante après les avoir abattus. Les échaudoirs musulmans servent surtout de lieu où l'on égorge les moutons durant les fêtes du ramadan.

Valroff aurait également eu des intérêts dans plus de dix fonds de commerce. Mais aucune preuve ne sera apportée.

J'ai pu voir une des rares photos existantes de lui dans un dossier. Brun, peau mate, physique massif, je ne l'imaginais pas aussi souriant. Une ombre par excellence, car on ne le verra plus après la disparition de Si Kaddour Benghabrit.

Bobigny,
Mohamed, fils d'Abdelkader Mesli,
imam déporté à Mauthausen

> Institut musulman, Mosquée de Paris, Paris, le 25 octobre 1949.
>
> Je soussigné, Kaddour Ben-Ghabrit, ministre plénipotentiaire honoraire, directeur de l'Institut musulman, certifie que Mesli Abdelkader est employé à la Mosquée de Paris en qualité d'imam chargé du culte musulman auprès des hôpitaux.

Parfois, tout commence avec un décès. C'est en 2011, alors que sa mère est en train de mourir, que Mohamed se lance sur les traces de son père disparu en 1961. L'histoire de ce père est exceptionnelle. Alors que je me rends à Bobigny pour le rencontrer, mes interrogations se multiplient. Pourquoi ce besoin impérieux de mieux connaître les êtres au moment où ils vous quittent ? Pourquoi faut-il que les choses deviennent vitales quand elles disparaissent ? À partir de quel moment l'urgence de regarder vers le passé se fait-elle sentir ? Pourquoi chercher le témoignage quand le témoin n'est plus là ? Qui est responsable : celui qui aurait pu raconter ou celui qui aurait dû interroger ? J'ai toujours pensé que poser des questions était une manière de s'intéresser aux autres — j'en ai fait mon métier. Parfois, les gens aiment à se confier quand on les sollicite simplement.

Autant le dire tout de suite, Mohamed m'intéressait d'autant plus que son père, Abdelkader Mesli, était imam à la Mosquée de Paris quand Si Kaddour la dirigeait. Je dois avouer mon ignorance alors que je suis un passionné d'histoire : avant de rencontrer Mohamed, je n'imaginais pas un seul instant qu'il puisse exister un imam qui pût être déporté dans un camp de concentration. Non, je n'imaginais pas un Arabe ou un musulman à Dachau ou à Mauthausen. J'avais lu que les nazis avaient déporté des Tziganes et des homosexuels. Mais pas des Arabes ou des musulmans. Ce fut pourtant le cas d'Abdelkader Mesli.

Une autre surprise m'attendait, comme si un puzzle se reconstituait tout seul devant mes yeux ahuris. Abdelkader Mesli avait vécu ce drame en compagnie d'un ami qui portait le nom de Roger Valroff — le fils de Paul Valroff, fidèle adjoint de Si Kaddour Benghabrit pendant près de trente ans. Ainsi une histoire se recomposait dont le lien central était la Grande Mosquée de Paris. Décidément, je n'ai pas fini de découvrir des faits qui se sont déroulés en ce lieu. Quand je pense qu'il n'y a pas d'archives, je suis consterné : nulle part ailleurs, il n'existe de tels trous de mémoire ! Des trous tellement béants que la direction qui est installée ici depuis des décennies est incapable de dire seulement qui y a travaillé…

Mohamed est un tout jeune retraité — il est encore maître nageur à la piscine municipale de Bobigny pour quelques jours lorsque je le rencontre pour la première fois. Difficile d'imaginer qu'il a la soixantaine quand on le voit car c'est sa jeunesse qui saute aux yeux malgré ses cheveux gris et bouclés. Ignorait-il l'histoire de ce père déporté ? Il sentait des « choses », me dit-il, comme s'il évoquait un secret de famille. Il n'avait pas de souvenirs précis — son père est mort en 1961 alors qu'il avait neuf ans et demi —, mais il lui semblait bien avoir entendu parler d'actes de résistance. Et encore, c'était par la bouche de sa mère. C'est fou : il ne voulait pas déranger ce père taiseux. Et ce dernier ne voulait pas lui transmettre une tragédie, sans doute pour ne pas l'effrayer. Je comprends : peut-on parler de l'horreur à un gamin ?

« Mon père ne m'en a jamais parlé. Je me souviens que quand Roger Valroff venait à la maison discuter avec lui, ma mère nous envoyait jouer dehors, ma sœur et moi », me raconte Mohamed, avec un sourire qui ne le quitte jamais.

Pour quelles raisons les survivants choisissent-ils ainsi le silence ? Je me souviens d'en avoir parlé un jour avec une amie qui ne s'en étonnait pas car elle l'avait également constaté auprès des rescapés des massacres des Khmers rouges : ils ne veulent pas encombrer les autres de leur passé.

Je sais, les enfants ignorent que leurs parents ont un vécu. Oui, mais après ? Après la mort de son père, quand Mohamed est devenu un adolescent, quand Mohamed est devenu un homme, quand Mohamed est devenu un père ? Pendant tout ce demi-siècle, entre 1961 et 2011, pourquoi n'a-t-il pas poussé ses interrogations ? À quel âge commence-t-on à se poser des questions sur le passé de ses proches ? Pourtant, en ce qui concerne Mohamed, tous les éléments d'un dossier volumineux se trouvaient durant des années à quelques mètres de chez lui, dans la maison de sa mère, à Bobigny.

Sa sœur, sa femme et ses enfants l'ont aidé dans cette quête qui peut laisser des traces ou faire ressurgir un traumatisme.

« Avant de mourir, ma mère a été malade durant trois années. Elle est venue vivre chez moi, et nous ne voulions pas toucher à ses affaires, on se rendait simplement chez elle pour nettoyer de temps en temps. Il s'est passé alors quelque chose d'étonnant : ma fille a proposé à ma mère de reprendre la maison, et là, ma mère était aux anges, je ne l'avais jamais vue comme cela depuis longtemps. Elle était aux anges parce qu'elle savait que la maison resterait au sein de la famille et ne serait pas vendue », m'explique Mohamed. Il ajoute : « Quand on a commencé à effectuer le rangement, ma femme a découvert à l'intérieur du grand secrétaire que nous ne remarquions même plus des tas de papiers et de photos. Elle m'a dit : “Mais, c'est incroyable tout ce qu'il y a !” »

Abdelkader Mesli était peut-être un taiseux, mais il devait avoir conscience de la valeur des traces écrites : il a laissé un matériau considérable. Pour donner une idée, l'inventaire seul de tous ces papiers tient en une vingtaine de pages. Un carton de documents personnels et officiels, des classeurs, des photos en nombre, des lettres, des attestations, des factures, etc. : les fragments d'une vie.

Au moment où je l'ai rencontré, Mohamed n'avait pas encore tout défriché — devant moi, il découvrait de grandes enveloppes contenant des photographies sur des plaques comme on en faisait dans les années 40. Il a trouvé en la personne de Bénédicte Penn, l'archiviste de la ville de Bobigny, une aide précieuse. Car, face à cette masse de documents, on peut facilement perdre pied : il faut être capable de décrypter, trier, remettre dans le contexte, classer… Fouiller dans le passé, c'est comme de l'archéologie, une activité éminemment professionnelle. Détail amusant, quand je posais des questions à Mohamed sur l'histoire de son père, il se tournait vers Bénédicte : elle en savait plus que lui.

Peut-être peut-on résumer une existence à travers deux ou trois papiers et quelques photos ? Dans celle d'Abdelkader, on peut trouver une carte de résistant comme on les délivrait dans l'après-guerre suite à une enquête minutieuse. Une autre carte indiquait qu'il avait été déporté.

D'autres éléments m'ont marqué. Trois lieux et trois matricules. Un résumé de l'horreur.

DACHAU n° 94020
MAUTHAUSEN n° 98671
FORT DU HÂ n° 12905

Ce Fort du Hâ est un château à Bordeaux qui, durant l'Occupation, a servi aux Allemands pour emprisonner des résistants.

Puis, je trouve ces six lignes qui retracent une certaine période de la vie d'un homme :

Arrestation le 5 juillet 1944 à Bordeaux.
Départ de Bordeaux le 9 août 1944.
Arrivé à Dachau le 27 août 1944.
Départ de Dachau le 15 septembre 1944.
Arrivé à Mauthausen le 23 septembre 1944
Libéré le 5 mai 1945.

Comme sur un curriculum vitae, on tente de récapituler le cours d'une existence, d'une expérience. Et finalement ce ne sont que des lieux, des dates, des numéros, et quelques phrases sommaires que l'on couche sur une feuille de papier. Mais comment dire les souffrances ? Abdelkader Mesli est sorti de Mauthausen gravement malade. On ne sait à quel fil ténu il doit la vie.

Grâce au travail de défrichage de Bénédicte Penn, on peut facilement reconstituer l'histoire d'Abdelkader Mesli, du moins celle que les documents administratifs retiennent mieux que les souvenirs et la mémoire. Il est né en 1902, à Oran, en Algérie, une région que je connais bien pour y avoir vécu mes dix premières années : un paysage de toute beauté, et de misère.

Il s'est marié le 24 juillet 1951. Dans le dossier, on trouve l'adresse où le mariage a eu lieu : place du Puits de l'Ermite. L'adresse de la Mosquée de Paris. Il y travaillait, et c'est là qu'il a épousé Aïcha. Ils avaient déjà une fille avant le mariage, Yamina, née en 1950. Mohamed naît en 1951.

Durant les premières années, le parcours d'Abdelkader Mesli est typique de ces Algériens que l'on appelait des « sujets français de droit local ». Leur parcours ? Des tas de métiers, des tas de villes, des tas de pays. Et une course permanente pour obtenir des papiers, si bien que sur certaines pièces d'identité apparaît à un moment « nationalité : algérienne » et à un autre « nationalité : française ». On le croise en France et en Algérie, bien sûr, mais aussi en Belgique, royaume dans lequel il détient une carte d'« étranger ». Il exerce le métier de « voyageur », joli mot pour dire agent commercial.

Une note montre qu'il a été fiché par la préfecture de police, au service des affaires indigènes nord-africaines, installé rue Lecomte. Ce service guettait tout spécialement les Maghrébins, il avait été créé prétendument pour s'occuper de leur bien-être, mais l'essentiel des activités consistait en la surveillance de ces Nord-Africains aux velléités d'indépendance.

L'une des nombreuses adresses où a habité Abdelkader Mesli est la rue des Juifs, à Farches-le-Marché. Ce détail me fait sourire.

Le 1er février 1943, Mesli entre dans la Résistance au sein de l'Organisation de résistance de l'armée

(ORA). Il a été recruté à Oran. Il intervient à Bordeaux où il a été nommé durant l'Occupation imam délégué par la Mosquée de Paris — il n'y a que quatre imams qui ont été recrutés par Benghabrit durant cette période. Il demeure au 115, rue Reignier, à Bordeaux, de 1943 à 1944. En tant qu'imam, il passe son temps à soutenir ses coreligionnaires et il se trouve souvent amené à apporter du réconfort, une aide matérielle et de la nourriture aux prisonniers nord-africains. Au vu des comptes-rendus quasi quotidiens qu'il adresse au directeur de la Mosquée de Paris, c'est un travail de logistique considérable — commander les marchandises, les recevoir, les distribuer, voir les hommes blessés, accompagner ceux qui meurent, effectuer des visites dans les prisons…

Puis, il y a cette date qui explique qu'il devait faire quelque chose de plus que ses activités officielles. Le 5 juillet 1944, il est arrêté à Bordeaux par la Gestapo et interné. Il se trouvait alors dans un restaurant situé au 3, rue Léopold (je n'ai pas réussi à retrouver son nom). Deux agents de la Gestapo et un indicateur étaient sur les lieux, Abdelkader sortait des toilettes quand il a vu Roger Valroff se faire arrêter, il a compris qu'il n'y échapperait pas. Son appartement est perquisitionné. On peut lire une liste de ce que la police de Vichy lui a pris : trois costumes, un pardessus, deux paires de souliers, six chemises, trois caleçons, une douzaine de mouchoirs, une montre en or, une bague avec pierre en or. Et un lot de marchandises réservées aux musulmans.

La suite ? Elle a été résumée : *Fort du Hâ. Dachau. Mauthausen.*

J'ai eu beau poser des questions, lire des récits de déportation, voir des documentaires… Je me sens incapable de mettre des mots sur une souffrance que je n'ai pas vécue. Me revient juste le souvenir de ma conversation avec Elie Wiesel. Il disait : « Jamais on ne pourra atteindre la profondeur du désespoir de celui qui l'a vécu. »

Je sais, aussi, d'après Mohamed, que son père n'a jamais voulu en parler. Est-ce que lorsque l'on a vécu l'horreur, on se sent incapable de la décrire ? Les mots sont-ils si dérisoires ? Ou les survivants ont-ils simplement peur que les autres ne les comprennent pas ?

Dans ce sort funeste, Mesli était accompagné par son ami Roger Valroff. Ce dernier avait été arrêté en même temps que lui, ce 5 juillet 1944. Évidemment, ce nom m'est familier. C'est le fils de Paul Valroff, le fidèle adjoint de Si Kaddour Benghabrit. Pour moi, ce lien est incroyable, je désespérais d'en retrouver la trace. Un lien fort unit Paul Valroff, Abdelkader Mesli et Roger Valroff — et je pense qu'on est tout près de la vérité si on affirme que Kaddour Benghabrit est au courant de tout cela : Mesli était l'un de ses rares imams, il l'a recruté lui-même ; et Roger Valroff est le fils aîné de son bras droit (j'ai des documents montrant la famille Valroff voyageant avec Benghabrit). D'ailleurs, dans le dossier se trouvent des photographies où on les voit ensemble, et des comptes-rendus adressés par Mesli au directeur de la mosquée ; Paul Valroff devait les lire la peur au ventre. Ce dernier a adressé au moins six lettres à l'imam de Bordeaux quand il habitait au 115, rue Reignier. La plupart, et c'est humain, sont des demandes à Mesli de prendre soin du petit Roger.

> Paris, le 6 septembre 1943,
>
> Mon cher fils est affecté à Bordeaux pour le travail obligatoire en qualité d'agent de liaison entre l'organisation Todt et la délégation de l'Institut musulman à Bordeaux. Vous allez donc travailler ensemble tous les deux en collaboration et j'espère que vous vous entendrez bien. Je vous demande de bien vouloir l'aider dans l'accomplissement de la mission et cela je n'en doute pas. Roger doit quitter Paris jeudi soir par le train de 21 h 30 pour arriver à Bordeaux vendredi matin. Je vous demanderais de vouloir bien aller l'attendre à la gare en mettant votre costume national algérien pour qu'il puisse vous reconnaître et je vous demanderais également de vouloir rechercher une petite chambre dans un hôtel où il pourrait se loger. Je m'excuse de vous mettre à contribution et je vous remercie par avance de ce que vous voudrez bien faire pour un fils. J'espère pouvoir descendre très prochainement à Bordeaux et vous reverrai avec grand plaisir. Je vous envoie, mon cher ami, toute mon amitié. Le personnel de la mosquée me charge de vous transmettre leur souvenir.
>
> Paul Valroff

Avec le soutien de Mesli, Roger avait fini par décrocher un poste dans une annexe de la préfecture de la Gironde, à Bordeaux. Parlant l'arabe, le jeune homme officiait en tant qu'interprète et traducteur.

C'est également Abdelkader qui a fait entrer Roger dans son réseau de résistance.

J'interrogeai Mohamed Mesli pour savoir s'il connaissait les raisons pour lesquelles son père et Roger Valroff avaient été arrêtés. Il n'a pas de document l'attestant de façon certaine, mais il se souvient que, selon sa mère, la Gestapo les avait arrêtés parce qu'ils s'étaient lancés dans un trafic de faux papiers d'identité — travaillant à la préfecture, Roger Valroff pouvait utiliser les tampons officiels.

Sans avoir de preuves, Mohamed pense que si son père a été envoyé à Bordeaux par Benghabrit c'est à cause des soupçons des autorités allemandes sur la délivrance de fausses attestations aux Juifs. « Ils aidaient surtout des Nord-Africains, mais aussi des Juifs cachés à la Mosquée de Paris qui voulaient rejoindre le Maghreb. Mon père était quelqu'un de très ouvert — j'ai pu le constater —, il ne s'est jamais soucié des origines des personnes », me raconte Mohamed.

Après 1945, ceux qui avaient commis des actes de bravoure durant la guerre devaient en apporter les preuves. C'était comme ça. Au moins, ces démarches permettent de retrouver de nombreuses traces. Le volumineux dossier d'Abdelkader Mesli était surtout composé d'attestations, de témoignages de résistants et de ses chefs. Le 17 juillet 1950, le ministère des Anciens Combattants et Victimes de guerre lui a attribué le titre de « déporté résistant ». On y trouve aussi un certificat montrant qu'il a appartenu à la RIF (Résistance française intérieure). Deux boîtes contiennent des objets : une médaille de la Libération, une Croix du combattant, et une médaille de la Déportation, de l'Internement pour faits de résistance, et une décoration du Ouissam alaouite décernée par le sultan du Maroc Moulay Youssef. Ces médailles, Abdelkader ne les avait pas montrées à son fils. Et sa mère n'a pas non plus songé à le faire ensuite. « Mon père ne m'en a jamais parlé », dit Mohamed en secouant la tête.

Malgré leur style administratif, les lettres de témoignages sont émouvantes. Parfois, elles sont signées de noms qui ne nous semblent pas inconnus.

Ainsi, Mesli a-t-il appartenu au groupe Jouhaud — il y a une lettre et un certificat de son chef, datés du 24 janvier 1947, un certain Joseph Gourg dit « Marguerite », qui faisait partie de ce réseau.

De nombreuses correspondances disent le courage d'un homme. Elles le disent sur un ton administratif car Mesli avait besoin d'attestations, de certificats qui prouvaient ce qu'il avait fait. Il y en a beaucoup dans le dossier. Quelques-unes m'ont particulièrement marqué. Comme ces mots de Joseph Gourg dit « Marguerite » :

> « Je soussigné GOURG Joseph Georges alias Marguerite, capitaine d'infanterie coloniale, retraité, chef de bataillon FFI de l'ORA [Organisation de résistance de l'armée], groupe Jouhaud, certifie que l'imam MESLI ABDELKADER faisait partie de

mon groupe de résistance. Après l'arrestation de Taleb Mohammed, Mesli fut chargé de continuer la mission de Taleb, c'est-à-dire la réception, l'hébergement et le logement des indigènes nord-africains évadés des camps de prisonniers du département. Arrêté à son tour, Mesli ne fit, malgré plusieurs interrogatoires, aucune révélation, permettant ainsi à son groupe de continuer la mission que lui avait confiée son chef de région, général Monaglia, alias Dufour.

Fait à Bordeaux, le 24 janvier 1947. »

L'attestation de Jacques Lejal est datée de janvier 1947 :

« Je soussigné, Lejal, Jacques, Jean, demeurant à Nancy, 142 rue du faubourg des Trois Maisons, ancien infirmier du camp de concentration d'Ebensee [Kommando de Mauthausen], certifie avoir connu MESLI Abdelkader, actuellement imam à la mosquée de Paris, lorsqu'il fut hospitalisé à l'infirmerie du camp pour son très mauvais état général dû au manque de nourriture et aux mauvais traitements subis. »

Une autre datant de février 1947, signée François Wetterwald, docteur en médecine, « déporté politique sous le matricule 63329 » dit que la conduite de Mesli y fut « en tous points honorable et digne d'éloges ».

Il y a également une lettre en date du 16 septembre 1946, signée de Pierre Leclercq, héros de la Résistance, il appartenait au cabinet du préfet de Gironde, depuis 1935 et fut nommé chef de bureau en septembre 1942. Il certifie que Mesli « a toujours eu une attitude patriotique. Il a d'ailleurs été arrêté par les Allemands pour avoir aidé des prisonniers de guerre nord-africains à s'évader et fut déporté en Allemagne d'où il est revenu en 1945 en mauvais état de santé. »

Dans ce dossier, Roger Valroff atteste que Mesli a été arrêté en même temps que lui.

Il reste encore une valise de papiers à défricher…

Un deuxième classeur contient des photos. C'est le dossier des sourires. Il y a une photo de mariage de Roger Valroff avec sa femme et Mesli. On y trouve un portrait de Mesli et un autre de Roger. Il y a aussi un cliché où l'on voit ensemble Abdelkader Mesli et Paul Valroff. Sur une photo, on voit Si Kaddour Benghabrit, le prince Ali Khan et l'imam Mesli : ils sortaient de la Mosquée après avoir discuté des préparatifs d'un mariage singulier — celui qui allait unir Ali Khan et Rita Hayworth en mai 1949, à Vallauris. C'est Abdelkader Mesli qui a été chargé de la cérémonie.

À examiner les cartons laissés par le père de Mohamed, je suis surpris par la multitude de petits documents qu'il a conservés et que, pour ma part, je n'aurais jamais songé à garder. Comme si chacun de ces bouts de papier prouvait qu'il avait été réellement en vie. Il avait précieusement mis de côté un autre papier, celui-là devait surtout lui rappeler qu'il avait fui la mort — une fiche de transport SNCF Sud-Ouest-Bordeaux/Paris gare d'Austerlitz, en date du 6 août 1945, qui l'emmenait à Bobigny, à l'hôpital franco-musulman, peu de temps après qu'il eut été libéré du camp de Mauthausen.

8

C'étaient les années de suspicion. Celles du double jeu et du trouble, des faux semblants et des faux papiers, des identités multiples et des alias. Une époque où le traître et le héros pouvaient avoir le même profil.

La guerre finie, les soupçons perduraient. On réglait les comptes, on pensait à épurer le passé. Si Kaddour Benghabrit ne pouvait échapper à cette période de doutes et d'accusations. Parfois, on accusait de peur d'être accusé. Même après la guerre, il fallait choisir son camp, quitte à oublier celui pour lequel on avait opté auparavant.

La lecture des archives des Renseignements généraux est fascinante. Ça aussi, il faudra un jour le comprendre : comment une police de l'Occupation peut-elle se transformer, pratiquement du jour au lendemain, en une police de pays libéré ? Étaient-ce les mêmes fonctionnaires qui arrêtaient les Juifs, puis, quelques mois plus tard, condamnaient ceux qui les dénonçaient ?

Oui, il est fascinant de se plonger ainsi dans ces

archives des Renseignements généraux. C'est une forme de littérature qui a son style, précis, factuel, ce qui n'empêche pas des jugements moraux qui se glissent dans le choix de certains mots. On trouve souvent l'expression « vie dissolue ». Oui, il faudrait décrypter ce langage particulier. Ce qui est incroyable, aussi, c'est que l'on retrouve ce style dans tous les documents comme s'il existait une école littéraire de l'écriture policière. Cette école a son époque faste, les années 40 et 50. Ce que j'ai découvert dans ces dossiers décrit une méthode éprouvée : on rédige d'abord à la main des brouillons — j'en ai retrouvé beaucoup —, ensuite on tape à la machine : peu de fautes, c'est clair, informatif et efficace.

Fontainebleau,
Antenne des Archives nationales,
Dossier : archives des Renseignements généraux,
2e section

Fontainebleau est une bien jolie ville. Adolescent, je m'y rendais pour me perdre dans la forêt avec des amis, escalader les rochers et manger des maïs que l'on faisait griller. Je ne pensais pas qu'un jour mes recherches m'y conduiraient.

Quinze jours après ma demande, j'ai l'agréable surprise de recevoir une réponse des Archives nationales. La directrice scientifique m'informe qu'un dossier individuel « référencé 19850085/article 19/ dossier 4812 » contient plusieurs notes et notices datées de 1943 à 1954 relatives aux activités de Benghabrit durant la Seconde Guerre mondiale, notamment à ses relations avec l'occupant. Elle ajoute que quatre photographies y figurent également et que, « compte tenu des dispositions du code du patrimoine et des délais prescrits pour la libre communication des documents pouvant porter atteinte à la vie privée des personnes, ces documents sont aujourd'hui librement accessibles et ne nécessitent pas une communication par dérogation ». Ouf, j'ai le droit de les consulter. Mais elle me précise qu'un sous-dossier individuel demeure confidentiel : il concerne un certain Fodil Larabi mort en 1971, soit depuis moins de cinquante ans. Ce cas sera donc extrait des archives qui se trouvent à l'annexe de Fontainebleau. Je n'en demandais pas tant.

À Fontainebleau, vers 9 heures, dans la salle de lecture, nous ne sommes que deux personnes à effectuer des recherches. Mon dossier était déjà prêt. Parmi les feuillets que je consulte, un peu par hasard, au début, avant de me lancer sérieusement dans la recherche —, je procède souvent comme cela, histoire de « flairer » les documents — je tombe sur une note des RG datant du 20 décembre 1945, et titrée « compte-rendu pour Monsieur le Ministre de l'Intérieur ». L'objet est vite indiqué en haut, à gauche de la note : « Au sujet de MM. Fodil Larabi, Si Kaddour Ben Ghabrit et Salah Arzour ». Un député s'étonne que « MM. Fodil Larabi, Si Kaddour Ben Ghabrit et Salah Arzour soient toujours en liberté ». Une enquête est menée, voilà ce qu'il en ressort :

pour Fodil Larabi, les poursuites sont abandonnées, mais les « renseignements sont des plus défavorables » ; Salah Arzour, lui, a été arrêté en septembre 1944, son dossier, transmis à la cour de justice de l'Allier, a été classé sans suite et, du coup, la commission de l'épuration du ministère de l'Information ne s'est pas opposée à sa réintégration.

Puis, on en vient à SKB : « Si Kaddour Ben Ghabrit fait l'objet d'un rapport de la direction des Renseignements généraux de la Sûreté nationale, qui a transmis à votre cabinet le 16 janvier 1945 [il s'agit du cabinet du ministre de l'Intérieur]. L'intéressé est ministre plénipotentiaire du cadre normal des Affaires étrangères, et il semble que pour des raisons d'opportunité politique, ce département est opposé à ce que des poursuites judiciaires soient exercées à son encontre. »

Je reprends le dossier, et entreprends de l'étudier méthodiquement. Le premier document des archives est tiré de la 2e section des Renseignements généraux. On présente d'abord l'individu, avec ses nombreux titres, dont, en premier lieu, ceux de ministre plénipotentiaire et de chef du protocole de Sa Majesté chérifienne. « Depuis de longues années en France, Si Kaddour joue un rôle de premier plan dans la politique musulmane du gouvernement Français. » Voilà pour la présentation. Puis, arrive rapidement le temps du commentaire. « L'attitude de Si Kaddour durant l'Occupation a fait l'objet de nombreuses critiques et, à la libération du territoire, la majorité des musulmans évolués de Paris, sans distinction politique, s'attendaient à le voir destitué de ses fonctions par le Gouvernement provisoire de la République. »

Le fonctionnaire de police argumente en affirmant que « des faits précis lui sont reprochés ». Ils sont au nombre de quatre, et il les énumère. D'abord, ses tractations pour mettre la main sur l'échaudoir musulman de la Villette. Deuxième reproche : ses relations amicales avec l'ambassadeur Fernand de Brinon qui lui ont permis de récupérer l'hôpital franco-musulman de Bobigny alors réquisitionné par les Allemands. La note ajoute : « À cet égard, on a souligné que la restitution officielle de cet établissement, le 7 mars 1941, organisée sous les auspices de la propagande allemande, avait eu une importance démesurée. Différents documents photographiques ont paru à cette occasion dans la presse parisienne. »

J'ai vu ces photos compromettantes dont parle le document, l'actuel recteur de la Mosquée de Paris m'en avait parlé aussi, elles sont d'ailleurs faciles à retrouver, on peut les consulter aux archives de la police et au Mémorial de la Shoah.

Le troisième reproche aurait conduit à l'époque à l'exécution de n'importe quel homme : « Ses négociations directes avec l'ennemi pour obtenir le rapatriement au Maroc de 80 commerçants marocains bloqués en France lors du débarquement allié en Afrique du Nord. » Puis, l'officier termine en beauté au cas où les premiers faits ne sauraient suffire : « Ses autres relations, personnelles ou officielles, entretenues durant l'Occupation, notamment avec les conseillers d'ambassade allemande ROHRIG et GROUBA qu'il recevait, en famille, à la Mosquée, WESTRICK, organisateur de la LVF en France, Otto ABETZ et le ministre SCHLEYER. »

Dans les notes des RG, les noms propres sont toujours écrits en lettres capitales, sans doute pour les retrouver plus facilement. Et c'est vrai : dans les documents, ils captent le regard.

Le texte où l'on retrouve toutes ces accusations est daté du 16 janvier 1945, à Paris.

Le fonctionnaire de police ne manque pas de rappeler que Si Kaddour Benghabrit a tenté de réfuter ces griefs, et qu'il a lui-même écrit une sorte de contre-note. Le policier sait manier la plume. Il commente cette note, écrivant que Benghabrit « présente, à sa manière, l'activité de l'Institut musulman et de la Mosquée de Paris, du 10 juin 1940 à août 1944 ». *À sa manière*, que cela est joliment dit, comme si la manière de voir du fonctionnaire était la seule possible, et que l'autre, celle de SKB, était forcément fausse ou du moins enjolivée. D'ailleurs, la note se termine ainsi : « Très habile, il semble qu'actuellement SI KADDOUR ait recouvré une partie du prestige qu'il avait perdu en raison de son attitude pendant l'Occupation. »

Avant sa conclusion, l'agent des Renseignements généraux souligne que cette contre-note a trouvé un écho dans *Le Parisien libéré* du 27 octobre 1944 qui a publié un article intitulé : « À la Mosquée de Paris, S. E. SI KADDOUR BEN GHABRIT sert depuis 50 ans la France et l'Islam. » Il en donne un extrait : « Pendant toute la durée de l'occupation allemande, il ne cessa de travailler de son mieux à soulager le sort des malheureux musulmans prisonniers ou bloqués sur le sol français. »

Fontainebleau,
Antenne des Archives nationales,
Dossier : archives des Renseignements généraux, 5e section

Je perçois, à travers les documents que j'ai pu lire, un style propre à la direction des Renseignements généraux. Cette fois, la note émane de la 5e section — il y en aurait huit aux RG. Et les faits reprochés sont développés. Le titre du document en lettres capitales donne déjà le ton : « ACTIVITÉ ET COMPORTEMENT POLITIQUE DE SI KADDOUR BEN GHABRIT. » On imagine déjà que ce n'est pas pour louer une attitude héroïque.

L'officier de renseignements rappelle encore les fonctions, importantes, de Si Kaddour, puis il attaque : « Des renseignements recueillis et recoupés, auprès de divers notables musulmans de Paris qui ont vécu dans son entourage durant l'Occupation, les faits suivants lui sont reprochés. Lors de l'exode de juin 1940, Si Kaddour BEN GHABRIT a quitté la Mosquée de Paris, pour se réfugier à BERGERAC. De là, il s'est rendu au Maroc et a rejoint PARIS en octobre de la même année après avoir obtenu l'autorisation à VICHY et l'agrément des Allemands de reprendre la direction de la Mosquée de PARIS. »

Le fonctionnaire reprend les quatre reproches dans l'ordre de la note précédente écrite par la 2e Section. C'est un peu long, mais très instructif. J'aimerais les résumer, mais cela nous priverait du « charme » de ce style si singulier. Ces textes sont des merveilles de sous-entendus, émaillés de nombreux « on dit que... ».

Sur l'échaudoir musulman, d'abord. Le fonctionnaire de police écrit que la première tâche de Benghabrit, à son arrivée à Paris, a été de prendre en main l'échaudoir de la Villette dont la création remonte à 1938. Il lui reproche d'avoir nommé des hommes véreux. Et, dit-il, « les transactions relatives à cette mainmise provoquèrent dans les milieux musulmans de vives et véhémentes réactions ». Il ajoute que les personnes désignées étaient à la solde de Si Kaddour ben Ghabrit et de son secrétaire particulier Valroff, qui retiraient, indirectement, de gros profits dans la gestion de cet établissement. Elle a permis à ces personnes de « réaliser une fortune qui se chiffre, dit-on, à plusieurs millions ».

Conclusion sur cette partie : « On prétend même que M. VALROFF associé de MOULAY, aurait des intérêts dans plus de dix fonds de commerce de la région parisienne. À titre indicatif, durant toute l'Occupation, Si Kaddour BEN GHABRIT recevait de l'échaudoir de LA VILLETTE, à chaque distribution, pour ses besoins personnels, 80 kg de viande. »

La deuxième partie concerne la gestion de l'hôpital musulman de Bobigny.

Grâce à ses relations amicales entretenues depuis 1940 avec l'ambassadeur Fernand de Brinon, Si

Kaddour a pu obtenir la restitution de l'hôpital franco-musulman de Bobigny. Le préfet aurait pris ombrage de l'attitude de Benghabrit qui l'aurait ignoré pour parler directement à l'occupant. Difficile pour le directeur de la Mosquée de cacher ce fait puisque la restitution s'est faite de manière absolument officielle. Les Allemands en ont même profité pour effectuer leur propagande et dire leurs bonnes relations avec les musulmans, ce que n'a pas manqué de relater le fonctionnaire des Renseignements généraux : « Cette manifestation, organisée sous les auspices de la propagande allemande, avait revêtu une importance démesurée dans laquelle on avait mis en exergue la sollicitude des autorités allemandes à l'égard de l'Islam. Les divers documents photographiques et les extraits de presse parus à cette occasion démontrent la connivence existant entre les autorités allemandes et le directeur de la Mosquée de Paris. » Ensuite, le policier invite ses lecteurs à voir les journaux et les périodiques parisiens du 8 mai 1941 qui font état de cette manifestation. Un reportage avait été tourné sur cet événement. Je l'ai vu dans les archives de l'INA (Institut national de l'audiovisuel), qui prévient d'ailleurs que ces images sont contrôlées et diffusées par le régime nazi et les autorités vichystes.

Quant au rapatriement des commerçants marocains, on lui reproche la même chose, c'est-à-dire d'avoir noué des relations directes avec le gouvernement de Vichy ou les autorités allemandes. Parfois même, Benghabrit passait outre aux dirigeants de Vichy pour s'adresser directement aux décideurs allemands. Il use de tous ses titres, ce serait en qualité d'« ambassadeur du Maroc » qu'il aurait agi auprès des Allemands et obtenu des visas auprès des autorités espagnoles.

En plus de ces attitudes suspectes, le fonctionnaire des RG ajoute dans son réquisitoire une histoire complexe d'espionnage : en échange des services rendus, un commerçant marocain aurait fourni des renseignements aux Allemands.

Ces remarques touchent aussi la sphère privée du fondateur de la Mosquée de Paris. « La collusion de Si Kaddour BEN GHABRIT avec les Allemands et avec la délégation de BRINON a été remarquée aussi dans les relations personnelles ou officielles qu'il a entretenues durant l'Occupation. C'est ainsi que BEN GHABRIT a facilité la mission de l'Abyssin, agent de propagande hitlérien Adolph MAR, qui visitait en 1940 et 1941, les camps de prisonniers nord-africains en France. » De plus, est-il ajouté, Benghabrit recevait très souvent à dîner, Otto ABETZ, le ministre SCHLEYER, ainsi que l'ambassadeur de BRINON, « avec lesquels, il entretenait des relations très cordiales ».

Paris V^e,
Commissariat de police,
service de la mémoire et des archives

C'est juste une annexe — et le texte est présenté comme tel. Elle se trouve dans le dossier d'accusation de Kaddour Benghabrit. En fait d'annexe, c'est une formidable défense du directeur de la Mosquée de Paris qui, point par point, reprend chacun des « faits précis » sur lesquels il est attaqué et explique en quoi il n'a rien à se reprocher. Je crois qu'il disposait d'un tel réseau qu'on avait pu l'avertir des accusations dont il risquait de faire l'objet. En tout cas, ses arguments sont affinés, et les dates claires.

Benghabrit en a écrit, des discours, et des livres aussi, mais c'est la première fois que je lis quelque chose de lui qui me semble intime, profondément intime. C'est aussi l'un des rares textes où il dit « je ». C'est une correspondance qui est éloignée du langage diplomatique et courtois que l'on observe souvent dans ce type de texte. J'ai le sentiment que Si Kaddour Benghabrit défend ici sa peau. Et quelque chose de plus qui ressemble à l'honneur et à la dignité, à supposer que ces mots aient alors encore un sens.

Ce document est titré « Note sur l'activité de l'Institut musulman et de la Mosquée de Paris du 10 juin 1940 à août 1944, présentée par Si Kaddour Ben Ghabrit ».

Tel un avocat, après une petite introduction, il reprend les quatre faits mis en avant et les réfute point par point. Oui, le fonctionnaire des RG a raison, Benghabrit est un « diplomate, rusé et astucieux ». Écoutons sa plaidoirie.

> Après avoir confié l'intérim de la Mosquée de Paris et de l'Institut musulman à un imam, le reste

du personnel et moi-même avons quitté Paris le 10 juin 1940 pour nous rendre à Vire dans le Calvados. À l'approche des Allemands nous nous sommes dirigés sur Nantes, Dax, puis Bergerac en zone libre. Après un séjour de deux mois dans cette ville tout le personnel a regagné Paris, et moi je me suis rendu au Maroc. En octobre de la même année de retour à Vichy, j'ai obtenu l'autorisation de rentrer à Paris pour reprendre la direction de l'Institut musulman où je me suis trouvé en présence de certaines questions intéressant la collectivité musulmane résidant à Paris et dans la région parisienne, et qui demandaient une solution rapide.

Sur la question de l'échaudoir musulman de la Villette, il affirme qu'à son retour à Paris, il a adressé une lettre aux autorités françaises et allemandes et reçu une réponse négative. Les Allemands ont déclaré que leur interdiction était motivée par un sentiment d'humanité envers les bêtes, et non dirigée contre la religion musulmane, précise-t-il.

Sur l'hôpital franco-musulman de Bobigny, Benghabrit écrit qu'au moment de l'occupation de Paris, l'hôpital avait été réquisitionné par les Allemands, et les musulmans nord-africains malades (environ 400) dispersés dans les différents hôpitaux parisiens. Il a alors entrepris des démarches pour le récupérer. Il y eut bien un contretemps — des prostituées et des femmes sans abri devaient y être accueillies —, mais Si Kaddour parvint à ses fins en février 1941. En revanche, et c'est SKB qui le souligne, les autorités allemandes ont saisi l'opportunité pour faire leur propagande auprès des musulmans. Il donne le sentiment de s'être senti piégé, et l'explique : « C'est ainsi que le préfet de la Seine et le directeur de l'Institut musulman et de la Mosquée de Paris recevaient du sous-gouverneur allemand de Paris, le prince RATIBOR, une convocation les priant de se trouver à l'hôpital franco-musulman de Bobigny le 7 mars 1941 pour assister à la remise officielle de cet hôpital aux malades musulmans. Ayant communiqué cette lettre à l'ambassade de France, le secrétaire général m'a conseillé vivement de me rendre à cette convocation. Naturellement, les autorités d'occupation ont profité de cette circonstance pour prendre des photos et faire une publicité de leur sympathie à l'islam. C'est d'ailleurs la seule et unique fois que des photos prises à l'hôpital franco-musulman à l'occasion de la remise de cet établissement à la préfecture de la Seine ont été publiées dans les journaux en forme de propagande. »

Sur la question des imams, il dit qu'il a réussi à empêcher les Allemands d'en prendre la gestion, ces derniers proposant de payer les salaires.

Sur le rapatriement de quatre-vingts Marocains. En février 1943, il reçoit la visite de trois commerçants marocains qui représentent quatre-vingts de leurs collègues bloqués à Lyon depuis des mois suite à la rupture des relations entre la France et l'Afrique du Nord — ils étaient venus pour une foire professionnelle. Ces Marocains ne cessaient de faire des allers-retours entre Lyon et Vichy afin d'obtenir un laissez-passer et rejoindre leur pays, mais sans succès. SKB s'adresse alors à l'ambassade d'Allemagne ainsi qu'au consulat général d'Espagne et obtient les autorisations nécessaires à condition que les commerçants effectuent le voyage retour dix par dix. Benghabrit raconte qu'il a aussi pu faire bénéficier de ce rapatriement à quatre Algériens et trois Tunisiens.

Sur les visites de la Mosquée par les troupes allemandes. Benghabrit explique que depuis le début de l'Occupation en juin 1940 jusqu'au mois de mai 1944 des troupes allemandes ont visité la Mosquée. « Ces visites font partie d'un circuit comprenant les monuments de Paris tels : Notre-Dame, Panthéon, Invalides, Louvre, etc. Mais pour éviter qu'elles se produisent un jour où il y a affluence de musulmans je les ai interdites les vendredis et les jours de fêtes musulmanes », écrit-il.

Pour sa défense, le directeur de la Grande Mosquée de Paris ajoute ces « quelques faits à noter ». Il faut les lire, car on voit mieux ce qu'un tel diplomate a pu subir au jour le jour. Il ne s'agit pas, je crois, de savoir s'il a bien ou mal agi. C'est rare de voir à ce point l'histoire se dérouler sous nos yeux. Bien sûr, ce n'est que le point de vue d'un homme qui cherche à se défendre et à justifier ses agissements, mais j'avoue que ces passages m'ont fasciné.

> Après la remise de l'hôpital franco-musulman à la préfecture de la Seine et à la Mosquée de Paris, un agent de propagande allemand est venu me dire qu'en considération de cet acte de bonté de la part

des autorités d'occupation en levant la réquisition de l'hôpital, le sultan du Maroc devait décerner au prince RATIBOR le grand cordon du Ouissam Alaouite et d'autres décorations aux officiers de sa suite. J'ai répondu à cet agent que je considérais cette demande de décorations comme vraiment prématurée, la France étant encore en armistice avec l'Allemagne et que le Maroc était un pays de protectorat français, le sultan n'est pas autorisé de donner des distinctions de son ordre sans l'assentiment du pays protecteur. L'agent allemand n'a pas insisté.

Ensuite, il raconte une histoire qui concerne son épouse.

Au moment du rapatriement des Marocains, en avril 1943, j'avais adressé une demande de laissez-passer en faveur de ma femme. Au bout de trois mois, j'ai reçu par l'intermédiaire de la préfecture de police un refus pur et simple. Ma femme étant souffrante et ayant reçu d'Alger de mauvaises nouvelles de la santé de sa mère, je suis revenu à la charge auprès de l'ambassade de France qui m'a promis d'effectuer de nouvelles démarches auprès des autorités d'occupation. Un mois plus tard, un agent de la délégation allemande demande à me voir. Je l'ai reçu chez moi, rue Geoffroy-Saint-Hilaire, comme j'ai l'habitude de le faire pour éviter de donner à ces visites un caractère officiel. Cet agent, après avoir évoqué le souvenir de la politique allemande vis-à-vis de l'islam et ses relations amicales et confiantes avec la Turquie, m'a parlé de la demande que j'avais adressée à l'ambassadeur de France en vue d'obtenir un laissez-passer pour Mme BEN GHABRIT : « J'ai un conseil à vous donner si vous désirez que votre demande aboutisse, adressez une invitation au mufti de Jérusalem, AMIN EL-HOCEINEI, à venir visiter la Mosquée de Paris et par son intermédiaire vous êtes sûr d'obtenir le laissez-passer sollicité. » J'ai répondu à mon interlocuteur, non sans lui laisser discrètement comprendre la lourdeur de sa démarche, que pour une question de laissez-passer je n'oserais jamais déranger un grand mufti et que puisque les autorités allemandes y attachent une si grande importance, je préférais renoncer définitivement à cette demande. J'ai ajouté que je connaissais le grand mufti pour l'avoir rencontré au Caire et à Jérusalem et qu'il est actuellement à Berlin à la tête d'une mission politique importante. Or, à la Mosquée on ne fait pas de politique. Après cette déclaration, l'agent allemand a changé de sujet de conversation.

En 1943, un officier allemand se déplace à la Mosquée pour demander à Si Kaddour de dire officiellement combien les musulmans sont heureux en France sous l'occupation allemande et combien ils sont respectés dans leurs coutumes et dans leur religion. Il refuse poliment en expliquant, à nouveau, que la mosquée ne peut faire de politique.

Par ailleurs, un autre document montre que Si Kaddour Benghabrit a refusé d'envoyer une lettre de remerciements à Adolf Hitler lors de la remise de l'hôpital franco-musulman, arguant des règles du protocole. Il obtint raison.

Enfin, il faut noter une chose : le directeur de la Grande Mosquée de Paris a été suivi, observé, surveillé presque chaque jour. Ses moindres faits et gestes étaient disséqués, commentés — j'ai des centaines de documents recensant ses déplacements, ses discours, ses rencontres. Or il n'a jamais été pris en défaut. Et, pourtant, il en avait, des ennemis, ou des adversaires attirés par la place qu'il occupait.

9

Le capitaine HUAUX, attaché à la Résidence générale à Rabat est revenu de Paris où il a vu M. Rageot. Celui-ci a signalé que les Allemands paraissaient s'intéresser de plus en plus à la Mosquée dont ils voudraient essayer de faire un centre de propagande. Si Kaddour Ben Ghabrit résiste de toutes ses forces à cette tendance et son attitude ne peut prêter à soupçon. Mais les Allemands, après lui avoir fait des avances, paraissent maintenant vouloir le traiter avec quelque froideur. Le bruit court qu'il serait question de faire venir à la mosquée Hadj Amin el Hosseini. Cette rumeur doit être rapprochée de celle d'après laquelle l'ancien grand mufti de Jérusalem projetterait de se rendre à Tanger.

Note de l'administration du gouvernement de Vichy, 10 décembre 1941

Comme le diable, il a ses admirateurs. Hadj Amin al-Husseini est le plus célèbre musulman nazi, celui qui a symbolisé l'union du croissant et de la croix gammée. Il a laissé une empreinte qui nous fait encore mal aujourd'hui, qui déchire le cœur de tous ceux qui n'en peuvent plus de voir associer antisémitisme et islam, tous ceux qui s'effraient d'entendre que, derrière chaque acte antijuif, il y a la main d'un Arabe.

Il a été nommé grand mufti de Jérusalem à l'âge de vingt-quatre ans. C'est jeune pour un tel poste et après avoir effectué des études de théologie jugées « sommaires » — en fait, il avait succédé à son père. Un mufti, ce n'est pas seulement un dignitaire religieux, c'est une haute fonction très influente aussi bien en justice qu'en société ; il peut non seulement interpréter les règles coraniques mais il a également le droit d'émettre des lois, ce que l'on appelle des « fatwas ».

Sur Internet, certains se réfèrent encore à al-Husseini comme s'il s'agissait d'un héros, d'un modèle. Son « heure de gloire » fut sa rencontre avec Adolf Hitler, en Allemagne, le 28 novembre 1941. Il est facile de retrouver cette photo où les deux hommes conversent aimablement. Cet échange fut filmé et diffusé par les actualités allemandes. J'ai pu voir ce court film. Quel spectacle ! Amin al-Husseini entre dans une sorte de palais où l'attend, assis sur un canapé, le Führer. Le musulman, démarche volontaire et solennelle, s'avance vers lui et, à son approche, fait le salut nazi. Puis, il vient s'asseoir à ses côtés.

Al-Husseini a souvent parlé avec Himmler. En octobre 1941, il avait eu « l'honneur » d'être reçu par Mussolini.

Entre al-Husseini et Hitler, le terrain d'entente commun était tout trouvé : la haine du Juif. C'est ainsi qu'une partie de l'islam et le nazisme se sont unis pour le pire. Et c'est le visage d'Amin al-Husseini qui personnifie ce pacte entre deux diables.

Al-Husseini est né paisiblement dans une riche famille à Jérusalem en 1893 ou en 1895 (on ne sait pas bien), il est mort paisiblement à Beyrouth en 1974. Entre les deux, une existence mouvementée et rocambolesque vouée au désir obsessionnel de détruire les Juifs.

Ce qui me navre, c'est que malgré son antisémitisme notoire, son soutien constant et fidèle à Hitler, ses lettres et ses discours haineux rendus publics, malgré tout cela, sa dépouille mortelle fut portée et accompagnée d'une foule admirative en ce mois de juillet 1974, comme s'il s'agissait d'un chef d'État qui aurait sauvé son pays.

C'est un homme qui a toujours su fuir au bon moment. Quand il a senti la débâcle allemande arriver — il se trouvait alors à Berlin, rémunéré par le IIIe Reich, il a fui en Suisse pour mettre à l'abri ses lingots d'or et ses dollars. Indésirable, il a trouvé refuge en France et, au-delà de toute logique, n'a fait l'objet d'aucun procès. En 1937, pour échapper à la police britannique qui le poursuivait en Palestine, il s'en était sorti en se déguisant en femme.

Je sais qu'à l'époque, dans les années 40 et même un peu avant, le nationalisme arabe s'accommodait du nazisme et luttait contre l'occupant britannique présent dans une grande partie du Moyen-Orient, dont la Libye, la Palestine et l'Égypte.

Le jeune Anouar el-Sadate, futur chef de l'État égyptien indépendant, en guerre contre l'armée britannique, avait justifié l'entente avec l'Allemagne nazie d'une formule qui n'admet ni la nuance ni la réflexion : « L'ennemi de mon ennemi est mon ami. » C'était aussi une manière de justifier ses services auprès de l'Afrikakorps, la division allemande dirigée par Rommel pour soutenir Mussolini. Difficile d'imaginer que c'est le même Anouar el-Sadate qui se verra décerner le prix Nobel de la paix avec le Juif israélien Menahem Begin.

Dans une notice Wikipédia qui reprend un extrait du livre de l'historien Hugh Trevor-Roper, *Hitler Table Talk, His Private Conversation, 1941-1944* (à ma connaissance, cet ouvrage n'a pas encore été traduit en français), Hitler brosse un portrait élogieux, admiratif, d'Al-Husseini : « Au cours des discussions, il s'est révélé être un fin renard ; en vue de gagner du temps pour réfléchir, il se fait traduire certaines choses non seulement en français mais aussi en arabe, et il pousse la prudence jusqu'à s'en faire écrire d'autres. Quand il parle, il soupèse chacun de ses mots. Dans l'astuce, il égale presque les Japonais. » Un peu plus loin, Hitler ajoute : « Le grand mufti est un homme qui en politique ne fait pas de sentiment. Cheveux blonds et yeux bleus, le visage émacié, il semble qu'il a plus d'un ancêtre aryen. Il n'est pas impossible que le meilleur sang romain soit à l'origine de sa lignée. » Ça n'a pas d'importance, mais, en réalité, Al-Husseini est roux. En privé, dans ses « propos de table », Hitler le qualifiait de « faciès de musaraigne ».

Arte a diffusé un documentaire consacré aux liens entre le nazisme et l'islam : Amin al-Husseini y est omniprésent. Le reportage est fascinant, c'est fou de voir à quel point un homme symbolise à lui seul cette alliance nourrie par une haine commune. Ce dignitaire religieux censé être sage n'a fait que vociférer publiquement dans ses prêches ou écrire dans ses lettres des propos antisémites qui dépassaient ceux des nazis : « Les Juifs sont les rebuts de la terre, ce sont des microbes qui véhiculent la peste. » Al-Husseini ne cesse de parler de « l'influence néfaste des Juifs dans l'économie et la politique ».

Au début des années 20, alors qu'il n'a pas vingt-cinq ans, il est l'instigateur en Palestine des manifestations antijuives. Après les émeutes, le gouvernement britannique le condamne à dix années de prison. Et le gracie. C'est ce même gouvernement qui le nommera grand mufti de Jérusalem. Allez comprendre.

Les historiens devraient se pencher davantage sur cette figure, qui est paraît-il à l'origine du néologisme « musulgermain » — plus tard, pour d'autres faits, Bernard-Henri Lévy créera la formule « fascislamisme ». D'après certains historiens — mais il n'y a pas unanimité sur cette opinion —, le grand mufti de Jérusalem aurait voulu être l'acteur de la « Solution finale » dans le Moyen-Orient.

L'histoire est malheureusement parsemée d'exemples de cette union entre les nazis et les Arabes. Quand j'ai rencontré Serge Klarsfeld, il m'a ainsi appris qu'Habib Bourguiba, le futur président de la Tunisie, avait été libéré en 1942 par Klaus Barbie. Bourguiba avait été fait prisonnier en 1939 par le gouvernement français parce que, avec des compagnons, il luttait pour l'indépendance de son pays.

Tous les musulmans et tous les Arabes étaient-ils du côté d'un homme tel qu'Amin al-Husseini ? Non, heureusement. Il convient sans doute de relativiser, et c'est encore le rôle des historiens. Dans un livre passionnant, *Les Arabes et la Shoah*, Gilbert Achcar, professeur à l'université de Londres chargé des études orientales et africaines, resitue le contexte : il explique qu'Amin al-Husseini fut globalement discrédité dans le monde arabe. Et il cite des chiffres — les chiffres donnent une meilleure idée que les exemples : 6 300 Arabes rejoignirent différentes organisations militaires nazies tandis que 259 000 rejoignirent les Alliés, dont 9 000 Palestiniens.

Je ne suis pas un spécialiste, mais je pense qu'Al-Husseini est au fondement de ce conflit qui s'éternise entre la Palestine et Israël. Une tragédie née avant même l'existence des deux acteurs principaux. Dans les années 20, la Palestine était sous mandat britannique et l'État d'Israël n'avait pas encore été créé.

***Bobigny*,**
Archives départementales

Dans le témoignage sonore d'Ahmed Somia que j'ai pu écouter aux archives de Bobigny, il y a ce moment de sourire qui faisait pourtant référence à Amin al-Husseini. Nous sommes en 1945, ce dernier est alors en résidence surveillée en région parisienne dans des conditions confortables — le restaurant voisin lui délivre des repas ; ensuite, la Mosquée de Paris a mis à sa disposition un cuisinier. Ahmed Somia raconte : « J'ai eu à connaître son histoire. Je savais que le mufti de Jérusalem s'était allié à Hitler. Il était prisonnier en Seine-et-Marne. Un jour, il était malade, c'était en 1945, il fallait le soigner. Je suis requis, avec un commissaire de police. J'étais médecin-capitaine, on m'a annoncé comme médecin musulman. Je ne voulais pas y aller. J'ai alors téléphoné à l'ordre des médecins qui m'a autorisé à ne pas le soigner. »

Paris Ve,
Commissariat de police,
service de la mémoire et des archives,
Dossier Brigade nord-africaine

Si Kaddour Benghabrit avait de nombreux ennemis, dont beaucoup d'Arabes et de musulmans qui le jugeaient trop proche des Français. Il a souvent subi des dénigrements et des tentatives de déstabilisation. Parmi les plus virulents, il y avait un certain Mohammed el-Maadi. Ce dernier, né en Algérie, était l'un des rares officiers arabes de l'armée française. Je ne sais quelles étaient les motivations profondes qui ont poussé el-Maadi à abandonner l'uniforme de la France — des humiliations au sein d'une armée dont il était l'un des capitaines ? Des promesses non tenues ? Toujours est-il qu'il a vigoureusement désiré combattre pour l'indépendance de l'Algérie dès les années 30. Et a adopté lui aussi la « philosophie » : « L'ennemi de mon ennemi est mon ami. » C'est ainsi que naîtra la Brigade nord-africaine (que l'on a appelée aussi la Légion nord-africaine), une organisation qui s'est alliée aux nazis et à la Gestapo. À sa tête, El-Maadi convainc entre 300 et 500 Maghrébins en région parisienne de le rejoindre.

Sa fiche établie par les RG, retrouvée aux archives, est des plus riches. Il est né en 1902 à Constantine, « de nationalité française, de religion musulmane, célibataire ». Il a vécu durant plusieurs années avec une nommée Hélène Jacquier. Au début de la guerre, il était retraité comme adjudant (il avait alors moins de quarante ans). Chevalier de la Légion d'honneur, il était en outre décoré de la Médaille militaire et de la Croix de guerre. Après cette reconnaissance pour faits de bravoure, son parcours devient plus sombre. Les RG rappellent qu'il s'est engagé à la LVF dès sa création, « il avait été promu lieutenant et devait partir pour le front de l'Est, mais pour des raisons qui n'ont pu être connues, il est resté en France ». Et d'ajouter : pendant l'Occupation, il a consacré toute son activité à la direction du Comité musulman pour l'Afrique du Nord qu'il avait fondé en 1941 au sein du Rassemblement national populaire de Marcel Déat. En octobre de la même année, ce groupement a rallié le Mouvement socialiste révolutionnaire (Groupe Deloncle), mais par la suite El-Maadi a cessé toute relation avec cette dernière association. En revanche, en tant que directeur et gérant de l'hebdomadaire *Er-Rachid* (« Le Messager »), journal qui n'a pas cessé de tenter de déstabiliser Benghabrit, il était « nettement favorable à la collaboration franco-allemande, hostile aux Juifs et aux francs-maçons ». *Er-Rachid* réclamait aussi l'autonomie de l'Afrique du Nord.

Rumeur ou information ? La note des RG, après avoir souligné qu'El-Maadi a été impliqué dans l'affaire des Cagoulards et bénéficié d'un non-lieu, se conclut ainsi : « Peu de temps avant la Libération, El-Maadi s'est engagé dans l'armée allemande, et d'après certains renseignements il aurait été capitaine dans un régiment SS. »

Parmi les responsables de la Brigade nord-africaine, il y avait aussi des officiers français et, surtout, le dirigeant de la Gestapo française, Henri Lafont. Ça ne m'a pas étonné que cet homme ait fasciné un écrivain tel que Patrick Modiano qui l'a cité dans son premier roman, *La place de l'Étoile*, et a même parlé dans ce livre de la Légion nord-africaine à travers deux personnages, Mouloud et Mustapha. Modiano, ou du moins son narrateur, le Juif antisémite Raphaël Schlemilovitch, qualifie Lafont et son ami Pierre Bonny de « vizirs sanguinaires ».

Serge Klarsfeld m'apprit que ce sont des miliciens de la Brigade nord-africaine qui ont dénoncé le père de Roland Dumas, chef d'un réseau de résistance, fusillé quelques jours après sa dénonciation.

Lafont, de son vrai nom Henri Chamberlin, comme Mohammed el-Maadi étaient des personnages troubles, complexes, qui naviguaient avec une certaine aisance d'un camp à un autre. Je crois qu'ils avaient aussi en commun des rêves de grandeur et de fortune, et un profond besoin de reconnaissance.

El-Maadi, qui a appartenu à la Cagoule, haïssait Si Kaddour Benghabrit et admirait Amin al-Husseini. Pour sa propagande et ses recrutements, il utilisait *Er-Rachid*, créé uniquement dans ce but dans lequel il passait son temps à dénigrer le fondateur de la Mosquée de Paris. Mais dès que les Allemands, pour ménager Benghabrit par stratégie, lui ont demandé de cesser, il a immédiatement obtempéré.

Une lettre de Si Kaddour Benghabrit rappelle à quel point il a été attaqué par El-Maadi : « Un journal antifrançais, *Er-Rachid*, subventionné par les Allemands, par des fonds secrets et par quelques Nord-Africains enrichis par le marché noir, n'a pas ménagé ses attaques et ses insinuations malveillantes, ni à la Mosquée, ni à son directeur, ni à ses collaborateurs. Dans certains de ses numéros, il a ouvertement dénoncé les agents de la Mosquée comme entièrement acquis au gouvernement de De Gaulle et à ses alliés… »

Je ne voudrais pas oublier de dire que si, pendant l'Occupation, la Brigade nord-africaine a existé, dans les mêmes quartiers ou presque il y avait aussi l'Étoile nord-africaine, fondée à la fin des années 20 entre autres par Messali Hadj : elle était surtout composée de Kabyles qui ont lutté pour l'indépendance de l'Algérie et contre les occupants allemands en France. Ses membres étaient parmi les premiers à dénoncer avec vigueur le « code de l'indigénat ».

Je voudrais également laisser quelques mots sur les actes de résistance des FTP algériens et leur philosémitisme. Les Francs-tireurs et partisans émigrés d'Algérie étaient appelés le « groupe kabyle ». C'est une histoire qui tient tout particulièrement à cœur à Derri Berkani, une histoire qu'il aurait voulu filmer, et à laquelle ses parents ont participé. Il l'a évoqué dans l'un de ses livres, *Le retourné*. Il dit que pour des raisons de sûreté les Kabyles se regroupaient par trois, leur langue natale leur permettait de parler plus librement sans risque de fuites. Derri Berkani cite aussi un précieux document issu de ce groupe qu'il a retrouvé — un tract écrit en kabyle peu de temps après le début des rafles, il était titré *Comme nos enfants* :

> Hier, à l'aube, on a arrêté tous les Juifs de Paris. Vieillards, femmes, enfants. Ils sont en exil comme nous, ce sont des ouvriers comme nous. Ce sont nos frères. Leurs enfants sont comme nos enfants. Si l'un d'entre vous rencontre l'un d'eux, il doit le sauver. Ô homme de mon pays ton cœur est grand.

Paris V^{e},
Commissariat de police,
service de la mémoire et des archives,
Dossier Ali Zitouni

En cette période trouble où les âmes grises se meuvent comme des poissons dans l'eau, il n'est pas toujours facile de savoir dans quel camp se situait tel ou tel. À l'instar du cas Ali Zitouni. J'ai longtemps cru que ce Zitouni illustrait parfaitement cette union entre les Algériens et les collaborationnistes. Son dossier, retrouvé aux archives de la police, est d'ailleurs accablant. Une fiche datant de février 1938 montre qu'il était membre de la Brigade nord-africaine.

Je retrouve sa trace plus tard dans une lettre manuscrite de deux pages datée de février 1945. Son contenu ne lui laisse aucune chance d'échapper aux services de l'épuration. Zitouni était chef de bureau au service des affaires nord-africaines depuis plusieurs années. Il a été arrêté au début de septembre 1944, détenu à la prison de Fresnes et suspendu de ses fonctions pour « faits de collaboration ». Sur sa fiche, on peut lire : « Zitouni fréquentait les milieux nord-africains collaborateurs, et usait le cas échant de son influence pour intervenir en faveur de trafiquants du marché noir. En compagnie du nommé Louaïb Mohamed, restaurateur rue de la Huchette, collaborateur notoire, au cours d'une tournée effectuée en Algérie en 1942, ils auraient exprimé leurs sentiments germanophiles à tel point que les autorités d'Alger auraient rédigé un rapport à leur sujet. Zitouni était d'autre part en relations constantes avec le nommé El-Maadi Mohammed, ardent propagandiste de la politique allemande. Par ailleurs, à son domicile, il cachait un nommé Din Djillali, qui était recherché pour collaboration avec l'ennemi… »

Pour moi, son cas était donc réglé, et s'il fallait

voir les choses en termes de camp, il faisait partie des salauds… D'ailleurs, sur proposition de la commission d'épuration, il a été suspendu de ses fonctions en septembre 1944, révoqué avec pension en 1945. Un salaud, c'est entendu ? Oui… Jusqu'au jour où je lis le récit de l'écrivain et psychanalyste Ali Magoudi, *Un sujet français* — une quête folle, magnifique pour tenter de reconstituer l'histoire de son père, un travail sidérant sur la mémoire en puzzle. Vers la fin du livre, je découvre deux pages consacrées à Ali Zitouni. Quelle ne fut pas ma surprise de voir que cet homme s'était, en fait, comporté comme un héros. Magoudi a déniché des témoignages de personnes reconnaissantes qui remercient Ali Zitouni de leur avoir sauvé la vie. Ces deux témoignages ne figuraient pas dans le dossier que j'avais consulté aux archives de la police. J'y suis retourné, et ils n'y étaient toujours pas. Avaient-ils été classés ailleurs ? Ont-ils été perdus ? Ou volés ? Je n'en sais rien. Heureusement que Magoudi les avait recopiés. L'un des deux témoins était René Hayot, avocat à la cour, domicilié 98, avenue Niel à Paris, il écrit :

> Je dois ajouter qu'au moment où j'ai été inquiété par les services allemands sur mon origine, il *[Zitouni]* me délivra dans son bureau de la rue Lecomte, une attestation sur papier à en-tête de la préfecture de police mentionnant : *« Le soussigné d'origine Musulman d'Algérie est sujet français en vertu du Senatus Consulte de 1865. »* Ne voulant lui occasionner aucun ennui j'ai refusé cette attestation et en ai accepté une autre avec mention « Musulman ».
>
> J'ajoute que cette attestation m'a servi entre

> autres documents lorsque j'ai été déféré devant le tribunal militaire allemand de Clamecy et m'a permis d'obtenir une décision d'acquittement.

L'autre, Benadjila Ayache, avocat à la cour demeurant 44, avenue de Suffren, Paris, atteste :

> Pendant l'Occupation, je sais que ce service a pu grâce en particulier à M. Zitouni qui y dirigeait les œuvres sociales, héberger des Nord-Africains qui n'étaient pas en règle avec les autorités allemandes et procurer des papiers à des Israélites qu'il faisait passer pour musulmans.

Ces deux lettres montrent que celui que je prenais pour un musulman collaborateur avait aidé des personnes dans la détresse. La sanction qui frappait Ali Zitouni fut annulée en janvier 1948 après ces témoignages.

Blois,
Au salon « Les Rendez-Vous de l'Histoire »

En observant les destins d'Amin al-Husseini et de Mohammed el-Maadi — juste avant la fin de la guerre, ces deux hommes se sont d'ailleurs rencontrés en Allemagne —, je me suis toujours demandé quel était le lien entre leur volonté d'indépendance et leur haine du Juif. On a beau m'expliquer, je n'ai toujours pas compris.

Amin al-Husseini a été à l'origine de la création d'une légion SS musulmane. Quand je parlais de cette légion, je voyais de l'étonnement dans les yeux de mes interlocuteurs. Moi aussi, la première fois, ça m'a sidéré. Inimaginable quand on pense un instant aux fondements du nazisme et aux délires sur la race aryenne. J'ai effectué des recherches et trouvé de nombreux éléments, notamment lors du salon « Les Rendez-Vous de l'Histoire », à Blois. Et ma stupéfaction ne fut que plus grande d'observer comment les dirigeants nazis justifiaient le recrutement de musulmans dont l'image était tout de même éloignée de leur conception de la « race pure ».

Avant de rencontrer Hitler en 1941 à Berlin, Amin al-Husseini avait décroché une visite officielle auprès du consul général allemand en Palestine. C'était en juillet 1937. Dans ces années-là, déjà, al-Husseini voulait lutter contre la présence des Juifs en Palestine, alors sous mandat britannique. Les nazis voyaient d'un bon œil les manifestations antijuives. Avec al-Husseini, ils étaient servis. Et c'est presque naturellement qu'ils ont trouvé un terrain d'entente. Le fameux adage déjà mentionné : l'ennemi de mon ennemi est mon ami…

L'image est censée donner une idée de l'élan guerrier : une main tient un sabre qui va frapper je ne sais qui. Un Juif ? Sûrement, puisqu'en bas, à gauche, il y a une croix gammée. Cette image représente l'insigne d'une des 38 divisions SS. Dans le registre de la terreur, elle m'a paru particulièrement singulière, si l'on peut dire : c'est la légion SS musulmane. Elle était baptisée Handschar, 13e division de montagne de la Waffen SS.

La première chose que j'ai essayé de savoir était sa composition. En fait, Al-Husseini n'avait pas réussi à enrôler de musulmans du Maghreb ou du Proche-Orient. Il les a recrutés pour la plupart en Bosnie. Pour créer une division, il fallait au moins 20 000 hommes — chiffre qui n'a pratiquement jamais été atteint, mais les dirigeants nazis manquant de bras permettaient quelques distorsions par rapport aux règles initiales.

Il paraît que l'idée d'une légion SS musulmane a germé dans l'esprit d'Himmler et qu'elle a trouvé sa réalisation avec le soutien du grand mufti de Jérusalem. Après quelques péripéties, elle a été fondée au début de l'année 1943.

Tout de même, je m'interrogeais : comment Hitler et ses ouailles ont-ils justifié cette union entre la race aryenne et les musulmans ? Comment ces soldats, qui devaient prier cinq fois par jour, étaient-ils intégrés aux troupes nazies ?

Grenoble,
Amandine Rochas, auteur d'un livre sur la Handschar

Toutes ces questions, Amandine Rochas se les était posées elle aussi. C'est l'objet du mémoire qu'elle a rédigé pour Sciences Po Grenoble. Elle en a tiré un livre, *La Handschar, histoire d'une division de Waffen SS bosniaque*, qui s'appuie sur les travaux d'un historien américain, George Lepre. Elle explique que Heinrich Himmler a justifié la création de cette division d'un genre particulier parce que les musulmans bosniaques étaient à l'origine des Aryens — j'aurais bien voulu connaître l'avis de ce professeur George Montandon, l'« expert ethno-racial ». Il n'était évidemment pas possible de dire que cette légion SS musulmane était le fruit d'une conjonction opportune : d'un côté, l'alliance du IIIe Reich et du grand mufti de Jérusalem ; de l'autre, les velléités autonomistes des musulmans de Bosnie.

Il existe des photos où Al-Husseini rend visite à ces soldats et les salue du salut nazi, comme il se doit.

Himmler lui-même avait exigé que l'on soit aux petits soins pour ces musulmans nazis. Les soldats de la Handschar avaient le droit de porter le fez musulman peu pratique pour aller au front. Des imams les soutenaient religieusement et moralement. Et leur vie militaire était « aménagée » pour pouvoir prier cinq fois par jour. On avait ordonné à la logistique de servir des repas sans porc...

Je ne connais pas leurs méfaits. Je lis juste dans le mémoire d'Amandine Rochas qu'en 1944 « des soldats de la Waffen SS coiffés du fez, le bonnet traditionnel des pays musulmans, prirent part aux combats qui ensanglantèrent une partie de la Bosnie-Herzégovine ». Mais ce n'était pas non plus des foudres de guerre, car l'aventure n'a pas duré longtemps. Problèmes de recrutement, de mal du pays...

Ils ont laissé une trace en France. Plus digne. À Villefranche-de-Rouergue, dans l'Aveyron, il existe une avenue des Croates. Elle a été inaugurée peu de temps après la guerre en souvenir d'une mutinerie lancée par une poignée de ces soldats de la division Handschar, en septembre 1943. Ces mutins ont tué cinq officiers nazis qui les dirigeaient. Mais ça n'a pas suffi, ils n'ont pas été suivis par leurs coreligionnaires et furent exécutés. Un petit film de 2 minutes et demie leur rend hommage sur Internet. Les noms des mutins sont cités : Nikola Vukelie, Ferid Dzanic, Edouard Matutinovic et Luftijia Dizdarevié.

Forum de discussion sur Internet

Pendant mes recherches, il me fut souvent nécessaire de consulter des forums de discussion sur Internet. Souvent, j'en éprouvais de la nausée.

C'est fou ce que les deux thèmes « JUIFS » (treize millions d'occurrences sur le principal moteur de recherche) et « ISLAM » (597 millions d'occurrences, soit trois fois plus que le mot « SEXE » !) provoquent comme délires, paroles incohérentes, paranoïa, propos antisémites et islamophobes… Bien sûr, j'ai lu aussi des conversations sensées. Heureusement. Mais est-ce que le fait d'être caché derrière l'écran et un pseudonyme imbécile laisse libre cours à sa véritable nature ? Sans doute. Il me semble qu'Internet est une zone hors la loi : les insultes, les propos interdits dans les journaux, à la télévision ou à la radio y pullulent malgré les « modérateurs ». J'ai l'impression qu'il existe même des sites spécialisés dont le but est de permettre de déverser sa bile. Certains m'ont semblé n'être que des déversoirs.

Finalement, au regard de la quantité d'« infos »

qui s'y trouvent, ces forums ne m'ont pas été très utiles. Au bout d'un certain temps, j'ai cessé de chercher des témoignages par ce biais : je finissais par être écœuré par les propos antisémites, antimusulmans, racistes… Et les fautes d'orthographe ajoutaient au dégoût.

Je dois avouer que j'ai eu tout de même droit à de rares moments d'humour. Comme ce commentaire :

Question : *Je vais sûrement vous paraître très naïve, mais je voudrais savoir pourquoi les Juifs et les Arabes se détestent. J'ai pu voir plusieurs films et reportages sur ce malaise, mais aucun n'en précisait la cause.*

Réponse : *Ils ne se détestent pas. C'est juste qu'ils sont cousins, et entre proches il y a souvent des histoires de famille, tout ça…*

10

Il m'est arrivé de ressortir des salles d'archives avec un fort sentiment de frustration, avec la peur d'être passé à côté d'un document essentiel, d'une lettre significative, d'une trace. Face à l'immensité des archives à consulter, j'éprouvais le désir de tout lire — mais c'était évidemment impossible. Je savais qu'il y avait des pépites, des histoires extraordinaires. Comment lire tous ces témoignages d'hommes et de femmes que j'avais aperçus aux archives du ministère des Affaires extérieures à La Courneuve ou au Mémorial de la Shoah, il y en avait tant ? Leur sort resterait dans le silence.

Lorsque je n'avais qu'un nom sans indication de lieu — des noms qui remontaient à des décennies —, je recherchais dans les annuaires téléphoniques comme je l'ai vu faire dans les films en pensant que c'était peu crédible. J'essayais à mon tour, avec une efficacité qui me surprenait. J'ai pu ainsi entrer en contact avec des personnes de cette manière-là ; les nouveaux moyens de communication se révélaient formidables, telle cette fonction « Qui porte ce nom en France » sur Internet. Un clic, et je retrouvais une ou plusieurs adresses avec le téléphone. De ce fait, je préférais les noms rares, plus faciles à retrouver, aux patronymes courants.

Mes ennemis étaient les obstacles administratifs : des dossiers que l'on n'a pas le droit de consulter, une cote que l'on ne retrouve plus, un document mal classé ou perdu. La quête de traces exige beaucoup de patience, on passe une demi-journée à chercher pour une heure utile. Il arrive souvent que l'on reparte bredouille.

La Courneuve,
Archives du ministère des Affaires extérieures

> Ministère des Affaires étrangères. 24 juin 1954
> Objet : Décès de Si Kaddour Ben Ghabrit
>
> SI KADDOUR BEN GHABRIT, Ministre plénipotentiaire du sultan du Maroc et directeur de l'institut franco-musulman de la Mosquée de Paris, est décédé ce matin, à 7 h 10, à la clinique sise rue Geoffroy-Saint-Hilaire, à Paris 5e, où il avait été hospitalisé, il y a cinq jours, à la suite d'une congestion pulmonaire.
>
> Les dispositions arrêtées pour la cérémonie des obsèques seront précisées ultérieurement.

Le jour même de sa mort, c'est la police qui est entrée en premier chez lui pour se rendre directement à son bureau personnel et prendre tous les documents qui s'y trouvaient. Un vol.

On retrouvera des livres rares à même le sol — ils n'intéressaient pas la police —, ainsi que 400 exemplaires d'*Abous-Nouas ou L'art de se tirer d'affaire*, dont beaucoup sont allés à la poubelle.

Il a eu une cérémonie digne d'un ministre important, tout ce qui comptait dans la politique et dans la diplomatie française et marocaine s'est rendu à la Grande Mosquée de Paris. C'est le seul homme qui ait sa sépulture au sein de l'édifice religieux. Peu de gens le savent. La tombe, qui ne ressemble pas à l'idée que l'on se fait d'une tombe, se trouve dans un coin reculé du jardin, endroit où l'on se cache pour fumer ou discuter discrètement. Quelques mots d'arabe au-dessus signalent le nom de Si Kaddour Benghabrit, et c'est tout. Je m'y rends de temps en temps — je n'ai pas toujours su qu'elle était là. Des mégots, des papiers gras et des feuilles mortes lui tiennent le plus souvent compagnie.

***Fontainebleau*,**
Antenne des Archives nationales

La succession de SKB à la direction de la Mosquée a donné lieu à une lutte sans merci. La place était bonne à prendre. Évidemment, cela concernait au plus haut point le gouvernement français, et la direction des Renseignements généraux avait déjà pour chacun des successeurs potentiels sa petite fiche. J'ai lu ces notes, où l'on retrouve ce style si singulier de la police secrète avec ses supputations magnifiques, les « dit-on », les « affirme-t-on »… Les RG ont l'art de dénicher les petits travers de chaque homme. Je me demande s'ils ne regardent pas que cela, et, vu sous cet angle, qui n'est pas suspect ? Fascinante, aussi, cette manière de brosser un portrait en cinq ou six lignes.

De nombreuses personnes se trouvaient engagées « dans la course », dit l'introduction avant de présenter sept fiches.

1°) « Le propre fils de l'actuel directeur, SI MUSTAPHA Ben GHABRIT, ancien interprète des services civils du Maroc. Ses chances sont minimes, dit-on, étant donné son manque d'envergure et la médiocrité de sa culture, tant française qu'arabe. »

2°) « M. Mostefa CHANDERLY, cadi malékite d'Alger. Ce magistrat passe pour s'adonner à la boisson. Sa conduite équivoque, affirme-t-on, serait un obstacle sérieux pour l'accession au poste convoité. »

3°) « M. Ali LAKHDARI, cadi hanifite d'Alger, qui a, sur le précédent, l'avantage de posséder la double culture, mais qui est handicapé par son intempérance et son état de santé. Il lui est reproché, en outre, d'être vénal. »

4°) « Hadj HAMDI, consul de France auprès d'Ibn Séoud, roi d'Arabie, qui depuis longtemps passe, dit-on, aux yeux de tous les musulmans, pour un trafiquant notoire qui ne jouit d'aucun crédit auprès de la communauté musulmane, en raison de sa médiocrité et de sa vénalité. »

5°) « ARZOUR Salah, secrétaire général adjoint de l'Assemblée algérienne, ancien fonctionnaire du

Gouvernement général de l'Algérie et de l'Office de l'Algérie à Paris. Durant son séjour à Paris (1944-1946), ARZOUR s'est particulièrement signalé par une vie dissolue et des relations douteuses. Il a contracté, dans les milieux nord-africains de la métropole, des dettes s'élevant à plus de 100 000 francs, qu'il n'a jamais remboursées en se faisant passer auprès d'eux pour un haut fonctionnaire du ministère de l'Intérieur. »

Seuls deux candidats trouvaient grâce aux yeux des RG, « en raison de leurs titres, des services rendus et de leurs sentiments francophiles ». Il s'agit de l'ancien Premier ministre tunisien Mustapha Kaak, avocat au barreau de Tunis, qui est considéré comme « foncièrement honnête et possédant toutes les qualités morales et professionnelles pour remplir les délicates fonctions de ministre plénipotentiaire ». Et de l'ancien ministre de France à Djedda, BENCHENEB, professeur agrégé au lycée d'Alger et chargé de cours à la faculté des lettres d'Alger, « savant dont la renommée a franchi les frontières d'Afrique du Nord ».

C'est finalement Ahmed Benghabrit, le neveu de Si Kaddour, qui prendra la succession, de juin 1954 à mai 1957. Ensuite débutera le règne de Hamza Boubakeur, le père de l'actuel recteur de la Grande Mosquée de Paris. Sur son site officiel, à la partie « Biographies », on sent que le recteur n'apprécie pas trop cet Ahmed Benghabrit, on peut lire : « Dans la confusion des pouvoirs qui a succédé à la mort de Si Kaddour Benghabrit, son neveu Si Ahmed Benghabrit s'est trouvé de fait dans la situation de diriger l'institution. »

*Paris XIe*,
Annie-Paule Derczansky, Les Bâtisseuses de paix

L'association qu'elle a fondée s'appelle Les Bâtisseuses de paix, mais j'ai bien l'impression qu'elle est seule devant cette tâche immense. Chaque fois que je me rends à un débat, à une conférence, à un film, je la vois : avec ses tracts et ses fascicules, avec sa voix même, elle semble prêcher. Annie-Paule Derczansky se bat pour éviter que le conflit israélo-palestinien ne s'exporte en France, elle se bat pour que les Juifs et les musulmans vivent en parfaite communauté. Autant dire que, aujourd'hui, sa mission relève de la sainteté.

On se donne rendez-vous dans un petit bistrot près de la place de la Nation. Elle a toujours l'air pressé, indigné. Je ne sais pas quel âge elle peut avoir — autour de la cinquantaine, peut-être —, mais dans son attitude elle n'a pas perdu l'enthousiasme et le désir de révolte des adolescents rebelles. Je lui demande de me parler de sa motivation, qui m'éclairera peut-être sur la mienne. Elle me répond que tout a commencé en 2001, quand elle a vu se développer des actes antijuifs, elle a compris que ce conflit au Moyen-Orient risquait de polluer les relations judéo-arabes. Et, pourtant, me dit-elle, « il y a une telle proximité identitaire ». Sa voix est vive et son débit rapide. Elle s'insurge contre les intolérances et les portes fermées, « des deux côtés ». Chaque fois que je la vois, elle est en colère — contre une tribune qu'on lui refuse, contre un organisateur de salon qui ne veut pas lui accorder un stand, contre une vedette de la télé qui ne trouve pas le temps de venir à sa conférence…

Ce que j'ai aimé aussi, ce sont les armes qu'elle veut utiliser : les femmes et la culture. J'adhérerais bien à son association. Les femmes ? Elle organise régulièrement des « journées pâtisseries » qui réunissent des Juives et des musulmanes. Ce sont des moments de convivialité. L'ancienne reporter en est sûre, c'est d'ailleurs dans les statuts de l'association : « Le partage des activités communes peut devenir, pour les enfants, un exemple de coexistence heureuse. »

Et la culture ? Annie-Paule compare cette haine entre Juifs et musulmans à un traumatisme. Et pour reconstruire, elle m'explique qu'il faut repartir sur quelque chose de positif, si petit soit-il. « Il faut trouver ou retrouver un élément positif du passé », dit-elle. La culture, c'est un film, un spectacle, une conférence où les deux communautés peuvent discuter. La seule règle est de ne pas s'emporter, sinon on sort du débat. Shimon Peres, Yitzhak Rabin et Yasser Arafat ont bien eu ensemble le prix Nobel de la paix…

***Jérusalem*,**
Yad Vashem, commission des Justes

Au début de mes recherches, j'avais donc demandé à Yad Vashem, par curiosité et pour dénicher d'éventuelles informations, si Benghabrit avait été un jour désigné comme Juste parmi les nations. À ma grande surprise, aucun Arabe n'avait été reconnu tel parmi les 23 000 personnes recensées par Yad Vashem au 1er janvier 2011 et figurant sur le Mur des Justes. Pas un seul Arabe. Et seulement une soixantaine de musulmans, des Albanais pour la plupart.

J'apprends aussi qu'il existe tout un processus, précis, détaillé, argumenté, pour monter un dossier. Il faut des témoignages étayés, des preuves écrites, des actes. Que l'homme ou la femme ait pris un véritable risque — je pense forcément à la mort — pour protéger un Juif.

En fait, j'apprécie le formalisme de Yad Vashem. Sur son site, tout est indiqué, de manière pointue — Irena Steinfeldt m'en avait parlé. C'est important, non seulement ce titre revêt un caractère spécial, mais, en plus, cette médaille est la plus haute distinction décernée à titre civil par l'État d'Israël. Elle ne peut donc, explique Yad Vashem, être attribuée qu'après une enquête approfondie, à des personnes qui, au péril de leur vie et de façon désintéressée, ont sauvé des Juifs sous l'Occupation.

Le dossier à remplir est instructif. Pour être reconnu Juste parmi les nations, les critères sont bien identifiés. Voilà ce qu'on trouve à la rubrique dédiée : les dossiers de reconnaissance d'un Juste doivent établir, avec plusieurs témoignages concordants, des faits probants, tels que :

— Avoir apporté une aide dans des situations où les Juifs étaient impuissants et menacés de mort ou de déportation vers les camps de concentration.

— Avoir été conscient du fait qu'en apportant cette aide, le sauveteur risquait sa vie, sa sécurité et sa liberté (les nazis considéraient l'assistance aux Juifs comme un délit majeur).

— N'avoir recherché aucune récompense ou compensation matérielle en contrepartie de l'aide apportée.

Puis le comité donne quelques exemples. Dès que je lis le premier d'entre eux, je pense à l'action de Si Kaddour Benghabrit et de ceux qui ont travaillé avec lui.

D'après Yad Vashem, l'aide apportée aux Juifs a revêtu des formes très diverses qui peuvent être regroupées comme suit :

— Héberger un enfant ou une famille chez soi, ou dans des institutions laïques ou religieuses, à l'abri du monde extérieur et de façon invisible pour le public.

— Aider un Juif à se faire passer pour un non-Juif en lui procurant de faux papiers d'identité ou des certificats de baptême (délivrés par le clergé afin d'obtenir des papiers authentiques).

— Aider les Juifs à gagner un lieu sûr ou à traverser une frontière vers un pays plus en sécurité, notamment accompagner des adultes et des enfants dans des périples clandestins dans des territoires occupés et aménager le passage des frontières.

— Adopter temporairement un enfant juif pendant la durée de la guerre.

Toujours sur le site, il est également indiqué la forme que doivent revêtir les témoignages. Il est écrit : « Les témoignages doivent être aussi précis et détaillés que possible quant aux dates, aux lieux et aux circonstances. Les signatures des témoins devront être certifiées par un officier ministériel en mairie ou par l'un de nos délégués après avoir pris rendez-vous. » Ensuite, Yad Vashem ajoute que tout témoignage doit être accompagné de la photocopie recto verso d'une pièce d'identité.

« Dans la mesure du possible, est-il souligné, il est préférable que soient réunis les témoignages d'au moins deux personnes juives sauvées, mais nous savons que cela est devenu difficile. Il est important que les différentes personnes présentes pendant la période du sauvetage témoignent à titre personnel. » L'organisme peut aider à la constitution de dossier.

Du coup, j'ai effectué une petite recherche sur ceux qui n'ont pas pu être désignés comme étant des Justes parmi les nations : il y a des Arabes, quand même.

Un historien s'est intéressé à cette question de l'attitude des musulmans durant la Shoah. Robert Satloff, l'auteur d'un livre non traduit en français intitulé « Parmi les Justes : histoire de la Shoah dans les pays arabes. » *Among the Righteous : Lost Stories from the Holocaust's Long Reach into Arab Lands*.

Il évoque les cas de deux Tunisiens : Ali Sakkat et Khaled Abdul-Wahab. Le premier aurait sauvé une soixantaine de Juifs tunisiens qui s'étaient enfuis d'un camp de travail et qu'il aurait cachés. Le dossier du second a été étudié par le comité de Yad Vashem : en résumé, Khaled Abdul-Wahab a recueilli dans son huilerie deux familles de Juifs tunisiens qui devaient être expulsées. Sakkat et Abdul-Wahab n'ont pas été reconnus comme étant des Justes, malgré des témoignages. À propos du second, Irena Steinfeldt en a expliqué les raisons dans le *Jerusalem Post*. Elle dit : c'est un homme bon, compatissant, mais ce n'est pas un Juste parce qu'il n'aurait pas risqué sa vie, ni fait quelque chose d'illégal — « *good, compassionate and decent man but not hero of the Holocaust* ».

J'ai pensé un moment que Si Kaddour Benghabrit ne pouvait pas être reconnu comme Juste parce qu'il était diplomate et que sa fonction le protégeait des Allemands, il n'agissait donc pas au péril de sa vie. Mais, en consultant la liste des Justes, il existe bien des diplomates ou des hauts fonctionnaires : Angelos Evert, directeur de la police d'Athènes ; Paul Grüninger, commandant de la police suisse de Saint-Gall ; Carl Lutz, vice-consul suisse à Budapest ; Sempo Sugihara, consul général du Japon en Lituanie ; Raoul Wallenberg, consul de Suède en Tchécoslovaquie ; et Aristides de Sousa Mendes, consul général du Portugal à Bordeaux. Je ne connaissais pas ces cas, sauf celui d'Aristides de Sousa Mendes, j'aimerais bien un jour écrire un livre sur lui. J'ai eu le désir de me plonger dans l'histoire de chacun de ces hommes : d'où venaient-ils, quels ressorts les avaient conduits à adopter cette attitude, et d'autres questions qui ne me quittent pas…

Plus tard, bien plus tard, alors que j'avais fini mes recherches et que j'évoquais l'objectif du livre, des personnes se remémoraient des histoires familiales où il était question de liens entres Juifs et musulmans. Parmi elles, il y avait une romancière dont les parents sont des Juifs algériens. Elle m'a dit : « Mon père et ma mère ont bénéficié de l'aide de leurs voisins arabes. » Et puis, il y a eu Serge Moati. Lors d'une rencontre, il me confie l'histoire du bey de Tunis qui avait sauvé sa famille. Il s'appelle Moncef Bey, c'est l'avant-dernier bey de la dynastie tunisienne, il a régné près d'une année, de juin 1942 à mai 1943. Durant l'Occupation, il s'est opposé aux lois vichystes que voulait lui imposer le résident général Esteva — la Tunisie était alors sous protectorat français. J'ai appris que Moncef Bey a fait beaucoup pour protéger la communauté juive de Tunis. Il a dit non à tout : au port de l'étoile jaune, à l'expropriation des commerces dirigés par les Juifs, au travail obligatoire…

Je voudrais laisser ouvertes les dernières pages de ce livre. J'imagine, j'espère que demain ou dans quelque temps Yad Vashem consacrera un Arabe comme étant un Juste parmi les nations. Une cérémonie aura peut-être lieu. Ce pourrait être :

MOHAMMED V

SI KADDOUR BENGHABRIT

AHMED SOMIA

ABDELKADER MESLI

MOHAMED BENZOUAOU

ALI ZITOUNI

ALI SAKKAT

KHALED ABDUL-WAHAB

MONCEF BEY

ou un autre que je ne connais pas encore. Peu importe. Car je n'arrive pas à croire qu'il n'y ait pas eu un jour un Arabe qui a tendu la main à un Juif, et vice versa, d'ailleurs. Je n'arrive toujours pas à comprendre pourquoi l'étoile de David et le croissant ne cohabiteraient pas. Je n'arrive pas à comprendre toute cette haine quand je vois, tout près de chez moi, ces Séfarades qui ressemblent comme des jumeaux à des Arabes : la même langue, la même culture, la même nourriture, la même pâtisserie faite de miel, de sucre et d'huile, la même envie de vibrer aux premières notes de cette musique du Maghreb. J'aimerais que l'on m'explique la différence entre l'humour juif et les blagues arabes, ce même goût pour l'autodérision, pour le désespoir poli, pour la nostalgie des arbres fruitiers et le chant des rivières, pour les fruits chauds et jamais assez sucrés. Il y a moins de différences entre un Arabe et un Séfarade qu'entre un Séfarade et un Ashkénaze. Une expression est en train de disparaître comme si elle n'avait jamais existé : Juifs arabes.

J'ai envie de dire — mais il faudrait y consacrer un autre livre — qu'aujourd'hui le Juif errant aurait tout d'un Arabe.

Je ne désespère pas : la commission des Justes de Yad Vashem, à Jérusalem, composée de rescapés, d'historiens et de juristes, a déjà reconnu une soixantaine de musulmans. En fait, et j'ai fini par le comprendre : il n'y a pas de Justes sans témoins. Et sans témoignages avérés.

J'ai pensé que Mohammed V est sans doute la personne la plus susceptible d'obtenir cette reconnaissance, parce qu'il y a aujourd'hui plus de chances de retrouver des témoins au Maroc, et c'est d'ailleurs aussi le cas pour ceux qui auraient été soutenus par Si Kaddour Benghabrit. Je ne comprends toujours pas pourquoi ce n'est pas déjà fait. Ou alors, mais je n'ai pas envie d'entrer dans ces débats, il y a d'autres raisons — idéologiques, politiques — qui m'échappent. Dommage. La personne du roi est pourtant consensuelle. Et des hommes influents comme Serge Berdugo et André Azoulay œuvrent dans ce sens. Ah ! si l'actuel roi du Maroc, Mohammed VI, le petit-fils, pouvait se rendre en haut de la colline où est situé le Mémorial de Yad Vashem ! Si cela pouvait arriver… Je l'imagine en train de donner un discours sensible et enthousiaste près des pierres. Derrière lui le Mur des Noms. 23 000 noms, et enfin celui d'un Arabe. Quel signe fort !…

J'ai pensé aussi que tous les éléments que j'ai rassemblés pouvaient, si on y réfléchit bien, être validés par Yad Vashem. Ahmed Somia et Albert Assouline apportent leur témoignage dans le film de Derri Berkani ou sur la cassette audio qui se trouve aux archives départementales de Bobigny ; il y a les documents officiels ; et la parole des enfants de rescapés. Pourquoi ne pas les croire ? Pourquoi ne pas en tenir compte ? Quand on rencontre un homme comme Michel Tardieu, sa rectitude saute aux yeux, il n'a pas l'air d'être le genre de personne à faire de la publicité pour vanter l'histoire de sa mère, mais si on l'interroge, il répond simplement. Il y a également cette autre évidence : le Juif Simon Halali, alias Salim, a vécu relativement tranquillement à la Mosquée de Paris durant l'Occupation, ce seul fait historique mériterait qu'on le souligne, qu'on le commémore.

Je n'ai pas à proprement parler de témoins directs, mais je n'ai pas non plus les moyens de recherche d'une institution ou d'une association ; cela m'a manqué quand je vois le temps qu'il m'a fallu pour dénicher l'acte de naissance de Salim Halali, quand je vois qu'il m'est administrativement impossible d'avoir accès aux coordonnées de Georgette Astorg, la pianiste juive qui aurait été sauvée par Si Kaddour Benghabrit…

Pour clore ma quête, j'ai appelé Yad Vashem. J'étais content de reprendre contact avec Irena Steinfeldt. Je lui ai fait part de l'état d'avancement de mes recherches et lui ai parlé, notamment, de Michel Tardieu et de Philippe Bouvard. J'ai été très surpris : elle n'avait jamais entendu parler de ces deux témoignages. J'étais d'autant plus étonné que Michel Tardieu avait déjà fait part de son histoire il y a six ou sept ans — mais qui a bien pu bloquer son témoignage et l'empêcher d'être expédié à Yad Vashem ? J'ai envoyé par messagerie électronique tout ce que j'avais pu recueillir. Peut-être la commission Yad Vashem poussera-t-elle plus loin les investigations ? J'en serais heureux, et j'aurais alors le sentiment d'avoir, à mon tour, servi de passage de témoins.

Pour moi, et si j'ai bien compris les critères stricts de Yad Vashem, il n'y a pas de raison que Si Kaddour Benghabrit ne soit pas déclaré Juste parmi les nations. Car on sait qu'il a sauvé au moins un Juif : le chanteur Salim Halali. Philippe Bouvard et Michel Tardieu apportent leur voix, également. Kaddour et ceux qui ont travaillé avec lui à la Grande Mosquée de Paris ont-ils sauvé un, deux, trois, des dizaines, des centaines de Juifs ? Bien sûr que le nombre est important, mais une citation commune au Talmud et au Coran ne dit-elle pas à peu près ceci :

Qui sauve une vie sauve l'humanité entière ?

Merci à…

Tous ceux que j'ai cités dans ce livre qui, le plus souvent, m'ont accordé du temps et leur gentillesse. Chaque moment, chaque discussion, chaque soutien a été précieux.

Christian Giudicelli, Philippe Demanet, Jean-Marie Laclavetine, Anne Vijoux, Pascale Richard, Pierre Gestède, Géraldine Blanc, Philippe Le Tendre et les équipes de Gallimard. Un livre est aussi une aventure collective.

Patrick Modiano pour sa lecture attentive, ses encouragements et ses remarques qui sont autant de petites histoires glissées çà et là.

Elvira, mes parents et mes sœurs.

Christine Chevalier, Yannick Lepoan, Sandrine Vasseur et Martine Lemalet.

Yad Vashem, le Mémorial de la Shoah, les Archives nationales (et l'antenne de Fontainebleau) ; les archives du ministère des Affaires étrangères (à La Courneuve), de la Défense (à Vincennes), de l’Intérieur, du commissariat de police de Paris V^e^, du département et de la ville de Bobigny, d’Oran, d’Alger ; la Sacem, les Égouts de Paris, les Archives nationales d’Outre-mer, la Bibliothèque universitaire de Strasbourg et l’INA (l’Institut national de l’audiovisuel) ; le centre culturel français d’Alger et celui d’Oran.

DU MÊME AUTEUR

Aux Éditions Gallimard

L'AFFAIRE DE L'ESCLAVE FURCY, 2010 (Folio n° 5275)

L'ÉTOILE JAUNE ET LE CROISSANT, 2012 (Folio n° 5686)

Aux Éditions du Mercure de France

LE GOÛT D'ALGER, *anthologie*, 2006

COLLECTION FOLIO

Dernières parutions

5411.	Colin Thubron	*En Sibérie*
5412.	Alexis de Tocqueville	*Quinze jours dans le désert*
5413.	Thomas More	*L'Utopie*
5414.	Madame de Sévigné	*Lettres de l'année 1671*
5415.	Franz Bartelt	*Une sainte fille et autres nouvelles*
5416.	Mikhaïl Boulgakov	*Morphine*
5417.	Guillermo Cabrera Infante	*Coupable d'avoir dansé le cha-cha-cha*
5418.	Collectif	*Jouons avec les mots. Jeux littéraires*
5419.	Guy de Maupassant	*Contes au fil de l'eau*
5420.	Thomas Hardy	*Les Intrus de la Maison Haute* précédé d'un autre conte du Wessex
5421.	Mohamed Kacimi	*La confession d'Abraham*
5422.	Orhan Pamuk	*Mon père et autres textes*
5423.	Jonathan Swift	*Modeste proposition et autres textes*
5424.	Sylvain Tesson	*L'éternel retour*
5425.	David Foenkinos	*Nos séparations*
5426.	François Cavanna	*Lune de miel*
5427.	Philippe Djian	*Lorsque Lou*
5428.	Hans Fallada	*Le buveur*
5429.	William Faulkner	*La ville*
5430.	Alain Finkielkraut (sous la direction de)	*L'interminable écriture de l'Extermination*
5431.	William Golding	*Sa majesté des mouches*
5432.	Jean Hatzfeld	*Où en est la nuit*
5433.	Gavino Ledda	*Padre Padrone. L'éducation d'un berger Sarde*

5434. Andrea Levy — *Une si longue histoire*
5435. Marco Mancassola — *La vie sexuelle des super-héros*
5436. Saskia Noort — *D'excellents voisins*
5437. Olivia Rosenthal — *Que font les rennes après Noël?*
5438. Patti Smith — *Just Kids*
5439. Arthur de Gobineau — *Nouvelles asiatiques*
5440. Pierric Bailly — *Michael Jackson*
5441. Raphaël Confiant — *La Jarre d'or*
5442. Jack Kerouac — *Visions de Cody*
5443. Philippe Le Guillou — *Fleurs de tempête*
5444. François Bégaudeau — *La blessure la vraie*
5445. Jérôme Garcin — *Olivier*
5446. Iegor Gran — *L'écologie en bas de chez moi*
5447. Patrick Mosconi — *Mélancolies*
5448. J.-B. Pontalis — *Un jour, le crime*
5449. Jean-Christophe Rufin — *Sept histoires qui reviennent de loin*
5450. Sempé-Goscinny — *Le Petit Nicolas s'amuse*
5451. David Vann — *Sukkwan Island*
5452. Ferdinand Von Schirach — *Crimes*
5453. Liu Xinwu — *Poussière et sueur*
5454. Ernest Hemingway — *Paris est une fête*
5455. Marc-Édouard Nabe — *Lucette*
5456. Italo Calvino — *Le sentier des nids d'araignées* (à paraître)
5457. Italo Calvino — *Le vicomte pourfendu*
5458. Italo Calvino — *Le baron perché*
5459. Italo Calvino — *Le chevalier inexistant*
5460. Italo Calvino — *Les villes invisibles* (à paraître)
5461. Italo Calvino — *Sous le soleil jaguar* (à paraître)
5462. Lewis Carroll — *Misch-Masch* et autres textes de jeunesse
5463. Collectif — *Un voyage érotique. Invitation à l'amour dans la littérature du monde entier*

5464. François de La Rochefoucauld	*Maximes* suivi de *Portrait de de La Rochefoucauld par lui-même*
5465. William Faulkner	*Coucher de soleil* et autres Croquis de La Nouvelle-Orléans
5466. Jack Kerouac	*Sur les origines d'une génération* suivi de *Le dernier mot*
5467. Liu Xinwu	*La Cendrillon du canal* suivi de *Poisson à face humaine*
5468. Patrick Pécherot	*Petit éloge des coins de rue*
5469. George Sand	*Le château de Pictordu*
5470. Montaigne	*Sur l'oisiveté* et autres Essais en français moderne
5471. Martin Winckler	*Petit éloge des séries télé*
5472. Rétif de La Bretonne	*La Dernière aventure d'un homme de quarante-cinq ans*
5473. Pierre Assouline	*Vies de Job*
5474. Antoine Audouard	*Le rendez-vous de Saigon*
5475. Tonino Benacquista	*Homo erectus*
5476. René Fregni	*La fiancée des corbeaux*
5477. Shilpi Somaya Gowda	*La fille secrète*
5478. Roger Grenier	*Le palais des livres*
5479. Angela Huth	*Souviens-toi de Hallows Farm*
5480. Ian McEwan	*Solaire*
5481. Orhan Pamuk	*Le musée de l'Innocence*
5482. Georges Perec	*Les mots croisés*
5483. Patrick Pécherot	*L'homme à la carabine. Esquisse*
5484. Fernando Pessoa	*L'affaire Vargas*
5485. Philippe Sollers	*Trésor d'Amour*
5487. Charles Dickens	*Contes de Noël*
5488. Christian Bobin	*Un assassin blanc comme neige*
5490. Philippe Djian	*Vengeances*
5491. Erri De Luca	*En haut à gauche*
5492. Nicolas Fargues	*Tu verras*
5493. Romain Gary	*Gros-Câlin*
5494. Jens Christian Grøndahl	*Quatre jours en mars*

5495. Jack Kerouac	*Vanité de Duluoz. Une éducation aventureuse 1939-1946*
5496. Atiq Rahimi	*Maudit soit Dostoïevski*
5497. Jean Rouaud	*Comment gagner sa vie honnêtement. La vie poétique, I*
5498. Michel Schneider	*Bleu passé*
5499. Michel Schneider	*Comme une ombre*
5500. Jorge Semprun	*L'évanouissement*
5501. Virginia Woolf	*La Chambre de Jacob*
5502. Tardi-Pennac	*La débauche*
5503. Kris et Étienne Davodeau	*Un homme est mort*
5504. Pierre Dragon et Frederik Peeters	*R G Intégrale*
5505. Erri De Luca	*Le poids du papillon*
5506. René Belleto	*Hors la loi*
5507. Roberto Calasso	*K.*
5508. Yannik Haenel	*Le sens du calme*
5509. Wang Meng	*Contes et libelles*
5510. Julian Barnes	*Pulsations*
5511. François Bizot	*Le silence du bourreau*
5512. John Cheever	*L'homme de ses rêves*
5513. David Foenkinos	*Les souvenirs*
5514. Philippe Forest	*Toute la nuit*
5515. Éric Fottorino	*Le dos crawlé*
5516. Hubert Haddad	*Opium Poppy*
5517. Maurice Leblanc	*L'Aiguille creuse*
5518. Mathieu Lindon	*Ce qu'aimer veut dire*
5519. Mathieu Lindon	*En enfance*
5520. Akira Mizubayashi	*Une langue venue d'ailleurs*
5521. Jón Kalman Stefánsson	*La tristesse des anges*
5522. Homère	*Iliade*
5523. E.M. Cioran	*Pensées étranglées* précédé du *Mauvais démiurge*
5524. Dôgen	*Corps et esprit. La Voie du zen*
5525. Maître Eckhart	*L'amour est fort comme la mort* et autres textes

5526. Jacques Ellul — *«Je suis sincère avec moi-même»* et autres lieux communs

5527. Liu An — *Du monde des hommes. De l'art de vivre parmi ses semblables.*

5528. Sénèque — *De la providence* suivi de *Lettres à Lucilius (lettres 71 à 74)*

5529. Saâdi — *Le Jardin des Fruits. Histoires édifiantes et spirituelles*

5530. Tchouang-tseu — *Joie suprême* et autres textes

5531. Jacques de Voragine — *La Légende dorée. Vie et mort de saintes illustres*

5532. Grimm — *Hänsel et Gretel* et autres contes

5533. Gabriela Adameşteanu — *Une matinée perdue*

5534. Eleanor Catton — *La répétition*

5535. Laurence Cossé — *Les amandes amères*

5536. Mircea Eliade — *À l'ombre d'une fleur de lys...*

5537. Gérard Guégan — *Fontenoy ne reviendra plus*

5538. Alexis Jenni — *L'art français de la guerre*

5539. Michèle Lesbre — *Un lac immense et blanc*

5540. Manset — *Visage d'un dieu inca*

5541. Catherine Millot — O Solitude

5542. Amos Oz — *La troisième sphère*

5543. Jean Rolin — *Le ravissement de Britney Spears*

5544. Philip Roth — *Le rabaissement*

5545. Honoré de Balzac — *Illusions perdues*

5546. Guillaume Apollinaire — *Alcools*

5547. Tahar Ben Jelloun — *Jean Genet, menteur sublime*

5548. Roberto Bolaño — *Le Troisième Reich*

5549. Michaël Ferrier — *Fukushima. Récit d'un désastre*

5550. Gilles Leroy — *Dormir avec ceux qu'on aime*

5551. Annabel Lyon — *Le juste milieu*

5552. Carole Martinez — *Du domaine des Murmures*

5553. Éric Reinhardt — *Existence*

5554. Éric Reinhardt — *Le système Victoria*

5555. Boualem Sansal — *Rue Darwin*

5556. Anne Serre — *Les débutants*

5557. Romain Gary — *Les têtes de Stéphanie*

Composition Nord Compo
Impression Novoprint
à Barcelone, le 06 décembre 2013
Dépôt légal : décembre 2013

ISBN 978-2-07-045609-3/Imprimé en Espagne.

260538